U0827191

一本书读懂消费心理学

张易轩◎著

中国商业出版社

图书在版编目（CIP）数据

一本书读懂消费心理学 / 张易轩著 . -- 北京：中国商业出版社，2017.10

ISBN 978-7-5208-0028-0

Ⅰ . ①一… Ⅱ . ①张… Ⅲ . ①消费心理学 Ⅳ . ① F713.55

中国版本图书馆 CIP 数据核字（2017）第 224225 号

责任编辑：朱丽丽

中国商业出版社出版发行

010-63180647 www.c-cbook.com

（100053 北京广安门内报国寺 1 号）

新华书店经销

三河市宏顺兴印刷有限公司

*

710×1000 毫米 16 开 16 印张 220 千字

2018 年 2 月第 1 版 2018 年 2 月第 1 次印刷

定价：39.80 元

* * * *

（如有印装质量问题可更换）

前　言

一个小男孩，经常和爸爸一起去钓鱼。钓鱼的时候，他发现父亲总是能钓到鱼，而自己总是一无所获。对于一个孩子来说，这实在是一件沮丧的事。于是他看着父亲的鱼篓，向父亲求教：“为什么我连一条鱼也钓不到，我的钓鱼方法不对吗？”父亲总是说：“孩子，不是你钓鱼的方法不对，而是你的想法不对，你想钓到鱼，就得像鱼那样思考。”

那时，男孩根本就不能理解父亲的话：我又不是鱼，我怎么能像鱼那样思考呢？这和钓鱼又有什么关系呢？但却也把这话记在了心里。

小男孩一天天长大了，他仍然喜欢钓鱼，闲暇之余，开始试着了解各种鱼的习性。在学校的图书馆，他看了一些和鱼类相关的书籍，甚至还加入了钓鱼俱乐部。在学习和交流的过程中，他对鱼类有了一些了解，也学到了很多有用的东西：鱼是一种冷血动物，对水温十分敏感。它们通常更喜欢待在温度较高的水域。一般水温高的地方阳光也比较强烈，但是由于鱼没有眼睑，阳光很容易刺伤它们的眼睛。所以它们一般呆在阴凉的浅水处。浅水处水温较深水处高，而且食物也很丰富。但处于浅水处还要有充分的屏障，比如茂密的水草，这也增强了动物与生俱来的安全感……男孩发现，当他对鱼了解得越多，也就越来越会钓鱼了！

“如果你想钓到鱼，你得像鱼那样思考，而不是像渔夫那样思考。”这其实也是本书向所有销售人员所传递的最核心的理念——不要仅仅把自己当作一个营销者，还要把自己当作一个消费者，也就是销售和消费要换位思考。只有站在消费者的角度思考问题，了解了消费者的购买心理，你才能在这场心理战争中获胜。

曾经有一项针对901种新产品的调查，结果就显示：如果以一种周到的、符合消费者心理的方式销售产品，那么该产品的销售成功率（在销售环节存在5年以上算是成功）大约为53%，而如果是采用缺少心理技巧的一般销售方法，成功率只有24%；而运用心理学的方法进行销售的品牌中，对低价竞争的有效抵御力高达82%，而运用一般销售方法进行销售的品牌中，竟然只有10%的产品能够勉强抵御住低价竞争。

总而言之，读懂消费者心理能够让销售人员花更少的时间和金钱销售更多的商品。而且更重要的是，如果销售人员能够很好地运用心理策略，那么消费者会更加忠诚，不再对价格斤斤计较。

这也正是本书所要呈现的内容。《一本书读懂消费心理学》一共分为五大部分，分别从消费者最重要的五个心理环节，即消费需求、消费类型、消费欲望、消费疑虑及消费忠诚入手，再层层细分，从专业心理学的角度全方位探究了消费者种种行为背后的心理原因，同时为你提供最实用、最专业的销售技巧。不仅会让你了解消费者在消费过程中产生的一系列复杂的、微妙的心理活动，也能指导你针对消费者的各种动机与偏好，采取适当的应对措施，以便更好地说服消费者，并激发消费者的潜在购买欲望。

本书还有一个最大的特点是，它不会给你高深的大理论，只是从一些常见的消费行为中，发掘一些你不曾注意的、曾经困惑你的，或者没有深入思考的问题，并从心理学的角度加以解释，从销售实战的角度加以提点，一定可以令你醍醐灌顶、豁然开朗。无疑，这样的心理学新鲜、有趣，与你的销售活动密切相关，想必会给你耳目一新的感觉。对于销售人员，尤其是初涉销售行业者来说，相信会大有裨益！

目 录

第四章 打消消费疑虑
——仅以成败论英雄，临门一脚要踢好

第五章 培养消费忠诚
——好的销售从来不是"一锤子买卖"

第一章 满足消费需求

——需求心理是消费行为的根本驱动力

消费者的消费行为一定是受消费动机支配的，而消费动机又是由需求引起的。掌握了消费者的需求心理倾向，就好比掌握了扩大销售的钥匙。

求实心理：消费者的普遍心理动机

消费时，消费者首先会要求商品必须具备实际的使用价值，讲究商品的实用性。消费者的这种求实心理，可以说是消费者普遍存在的心理动机。

你值得拥有：物超所值是消费行为的驱动力

有时候我们会发现，某件商品中虽然有消费者想要的利益，可是他们却并不一定会去购买。这是为什么呢？

原因就在于消费者普遍存在这样一种心态——希望自己花的钱能够物超所值。因此，他们在决定购买并把商品放上真正的天平之前，是要先在心中这个无形的天平上进行衡量的，天平的两端分别是购买成本与商品价值，当天平中购买成本一侧加重时，则很难达成交易；而天平倾向于商品价值时，交易则可以顺利达成。因此，只有商品价值与购买成本在消费者心中达到一种平衡或拥有更高的商品价值认定，消费者才可能会购买。

从这个角度来说，销售人员在向消费者推销商品时，便可以顺应消费者的这一心理，让消费者看到回报率，看到希望。你可以绘制一张消费心理天平图，天平的一侧列出消费者购买商品可以获得的各种价值，另一侧则是消费者购买商品所要付出的各种成本。你此时只要增加天平上商品价值一侧的筹码，同时减少消费者的各项购买成本，商品就很容易销售出去。

不过，商业常识告诉我们，这会提高企业的经营成本。那么，如何在不提高经营成本或尽可能少提高经营成本的的同时，提升商品价值并降低消费者的购买成本呢?

一个最好的方法就是增加消费者对商品的心理价值筹码。事实上，一件商品的价值不完全是由其物理属性决定的，更多的是由消费者的心理因素决定的，不管这个商品实际价值是多少，关键要看消费者心中对这个商品的价值认知是多少。一个提高商品在消费者心里价值的最有效方法就是——强调品位。

尤其是奢侈品或价格昂贵的商品，比如名车、珠宝、手表等，它们已经不仅仅是代步工具、装饰品或计时工具那么简单，更具有表达，甚至张扬拥有者个性品位与身份地位的作用，对于这样的商品，强调品位就十分重要。比如，一位太太向销售人员抱怨一条项链太贵，销售人员如果说：“太太，六千块已经很便宜了，你到任何珠宝店都不可能买到这么便宜的项链……”那就完了！这个销售人员就是在就商品卖商品，就价格卖价格。其实，这时消费者的心里是矛盾的，她既希望少付出购买成本，又希望项链很有价值，销售人员一下子否定了项链的价值，告诉她这是最便宜的珠宝，这样成交的几率自然会很低。

如果销售人员换一种方式：“太太，这条项链太适合您了，带在您的身上看起来少说值1万块，同时，这条项链又非常符合您的气质，看起来那样高贵、漂亮。而且，即使以后您不喜欢它的式样了，还可以在我们这里以旧换新，没准到时还会升值呢！”这样成交的几率就会大大提高，因为销售人员在说这条项链同这位太太搭配后产生的价值，而这种价值正是这位太太最在意的，当她认可了这种价值，心理上的购买成本自然相对的就下降了。

事实上，如果仅仅是把产品卖给消费者，这是任何一个销售人员都可以做到的。更重要的应该是我们要为消费者创造出产品价值本身之外的附加价值，这个附加价值，才是优秀销售人员存在的价值所在。

一个很典型的例子是，有个修自行车的师傅，生意十分火爆，周围很多同行的生意都被他抢占了。不仅如此，很多人还愿意从很远的地方跑来让他修。那么，是他的技术多么高超吗？并不是这样，原来，这位师傅有个习惯，每次修完车之后都要帮顾客把自行车擦得干干净净，就像一辆新车一样。而这一点并不是顾客自己提出的要求，也不在他修车工作的范畴之内，但他一直坚持这样做。可想而知，当顾客拿到车时是多么的惊喜。

因为他为顾客创造了附加价值，而其他的修车人却做不到，这就是顾客为什么都选择他的原因。其实，这也是在竞争激烈的买方市场条件下销售人员必须做到的事情，如果做不到这一点，我们就很有可能败给其他能够带给消费者“意外惊喜”的销售人员。

购买快乐：通过消费满足精神需求

在物质需求得到满足的同时，人们更希望得到心理上的满足。所以，消费者也为享乐花钱，金钱也应该与快乐联系在一起。在营销界有一个典型的例子就是乔·吉拉德用一束玫瑰“卖”了一辆雪佛兰汽车。

一位中年妇女走进销售人员乔·吉拉德的展销室，说她想在那儿坐坐，打发一会儿时间。闲谈中，她告诉吉拉德自己想买一辆白色的福特轿车，就像她表姐开的那辆，但对面福特车的推销员让她过一个小时再去，所以她就先到这儿来看看。她还说这是她送给自己的生日礼物：“今天是我55岁的生日。”

“生日快乐！夫人。”吉拉德献上真挚的祝福。随后他出去交代了一下，然后回来对她说：“夫人，您喜欢白色的车，既然您现在有时间，我给您介绍一下我们的双门式轿车，也是白色的”。正谈着，吉拉德的秘书走了进来，递给吉拉德一束玫瑰。吉拉德把这束花送给了那位中年妇女：“祝您长寿，尊敬的夫人。”

这位中年妇女被吉拉德这一举动感动了，眼眶都湿了。“已经很久没有人送我礼物了。”她说，“刚才那位福特车的推销员一定是看我开了部旧车，以为我买不起新车。我刚要看车，他却说让我等他先去收一笔款。其实我只是想买一辆白色车而已，只不过表姐的车是福特，我才想买福特的。现在想想，不买福特也可以。”

最后她从吉拉德那里买走了一辆雪佛兰，并写了一张全额支票。

这就是快乐感觉在消费者心中所起的巨大作用！一般来说，消费者将购物作为一种快乐行为有以下几种心理依据：

享受消费过程

消费成为一种娱乐行为，核心是求新求异。在购物过程中，通过追求特异、新奇的东西，消费者会获得满足感。例如，女性消费者爱逛商厦的一个很重要的动机，就是去欣赏美——比如商场里的珠宝、服饰，通过灯光的烘托，合理的搭配，都显得很美——从而体验到一种赏心悦目的快乐感。

另外，有的女性借着触摸物品等活动来消除心中的郁闷，即使不购买，她们也会有一种拥有感。

消费者除了被体验新物品的吸引力抓住外，还伴随着购物过程的兴奋。这种兴奋从准备购买时开始上升，一直持续到做出购买决定以及付钱。之后兴奋很快消散，直到产生新的欲念。对这种兴奋的追求部分地解释了消费者的重复购物行为。在某些人那里，这甚至有可能发展成一种对金钱的依赖。

获得心灵补偿

消费者购买商品时还带有一种补偿的色彩，这时，花钱就是一种体贴，一种抚慰，可以在生活很不如意的时候作为一剂药方。例如，很多人在工作中遇到挫折，然后心烦意乱地在商店里寻找一件能帮助他们暂时忘却痛苦的物品。很多强迫性购物者的行为方式就是由此发展而来。而且，很多消费者在其消费过程中，尤其是女性，一般都喜欢结伴而行，通过购物和好友进行人际交往，这也更容易获得人际交往的满足感。

购买快乐经历

除了把物质作为快乐的核心外，一些更加明智的消费者则倾向于花钱购买快乐经历。例如听场音乐会，看场电影或演出，远行度假，去学舞蹈，出去写生，去蹦极，等等。这是因为人们对经历的记忆，很容易随着时间的流逝而进行过滤。比如，你可能忘却令人疲乏的飞行旅程，而只记得在沙滩上全身放松的美妙时刻。

但是，我们购买的商品却会随着时间的流逝而变得破旧过时。同时，购买“经历”往往会促使我们与他人共度时光，而这是一种最有效的给我们带来快乐的行为。而且，把经历告诉别人，也可以增加与别人的交流，给人带来更多的快乐。

既然知道了消费者花钱买快乐的心理需求，你就可以将这一点作为一个很好的突破口，即你要想消费者把一掷千金的劲头都用在你的身上，你就要首先想办法博得消费者一笑。例如，在大环境（即进行交易的场所，如在商场、店铺等）上，创造一种更加舒适、更加和谐的氛围；在小环境（即销售人员素质，如是否积极热情，说话是否得体，举止是否得当等）上，通过人为的因素来主动制造宾至如归的感觉，使消费者感到更多的舒适、自由和快乐，使其流连忘返，产生再次享受的欲望。

体验效应：体验后购买是消费者的基本情感诉求

一般而言，消费者在购买某种商品时最关心的就是商品本身，害怕花了钱却买不到称心如意的产品。

然而，产品的质量单纯地靠理性说服是远远不够的，能够轻松赢得消费者的最好办法就是借助“先体验，后购买”的情感诉求。消费者能够听到、看到、摸到、感受到你的商品，这样才会加深他们的感觉，使他们消除疑虑，产生信任。

因为从心理学的角度看，人的情绪最容易被调动起来的时刻是当其身临其境、亲身感受之时。而消费者在体验产品时不自觉地就会投入感情，并且有着希望拥有的心理暗示，这都无疑是促使消费者更快地做出购买决定的动力。

因此，为消费者提供一个体验的平台是非常重要的，尤其是在各行各业的竞争近乎白热化的今天。美好的亲身体验会增强消费者对产品的喜欢和偏爱，消费者在体验的过程中会牢牢记住产品的优点，忽略那些微不足道的“小毛病”，在心理上拉近与产品的距离。

就体验的形式而言，由于体验的复杂化和多样化，伯恩德·H.施密特在《体验式营销》一书中将其分为五种类型：

知觉体验

知觉体验即感官体验，将视觉、听觉、触觉、味觉与嗅觉等知觉器官应用在体验营销上。例如，如果你卖的是床垫，就请消费者躺在上面试试；如果卖的是相机，就让消费者拿着相机对焦，空拍几张；如果卖的是服装，就鼓励消费者试穿一下；如果卖的是快餐食品，就准备一些让消费者品尝等等。销售人员就是要让消费者先睹为快、先闻为快、先摸为快，满足其操弄和探求的心理，一旦消费者之心大开，成交也就不远了。

思维体验

思维体验即以创意的方式引起消费者的好奇、兴趣、对问题进行集中或分散的思考，为消费者创造认知和解决问题的体验。比如，推销“新马泰十日游”，销售人员当然没有办法将那些旅游景点一一搬过来让消费者感受和触摸，但却可以调动消费者的想象力，通过自己具体、生动、绘声绘色的描述，让美好的东西在消费者的脑海中具体化，产生身临其境的效果，这样也能使消费者参与进来。

行为体验

行为体验指通过增加消费者的身体体验，指出他们做事的替代方法、替代的生活形态与互动，丰富消费者的生活，从而使消费者被激发或自发地改变生活形态。比如，美国有一个销售安全玻璃的业务员，皮箱里面总是放了许多截成15公分见方的安全玻璃，他随身也带着一个铁锤子。每当他去拜访客户的时候，总会问他们：“你相不相信安全玻璃？”当消费者说不相信的时候，他就把玻璃放在他们面前，拿锤子往桌上一敲。每当这时，许多消费者都会吓一跳，同时他们会发现玻璃真的没有碎裂开来。然后他们会说：“天啊，真不敢相信。”这时他问他们：“您想买多少？”他们马上就与他成交了。经常是整个过程花费时间还不到1分钟。

情感体验

情感体验即体现消费者内在的感情与情绪，使消费者在消费中感受到各种情感，如亲情、友情等。麦当劳的广告就是一个成功的例子：麦当劳请富有才华的广告经纪人雷哈德负责为它制作广告。雷哈德本想从汉堡包品质入手，但调查结果显示，麦当劳的汉堡包与其他几家制作的汉堡包在品质、口味上并无显著差别。于是，雷哈德决定不以麦当劳汉堡包好味道作为广告的主题，而以麦当劳可以带给消费者一段家庭欢聚的快乐时光为切入点。

相关体验

相关体验即以通过实践自我改进的个人渴望，使别人对自己产生好感。它使消费者和一个较广泛的社会系统产生关联，从而建立对某种品牌的偏好。例如，法国兰金化妆品公司的一个销售策略就是让消费者参与。一旦确定了消费者的需求之后，销售员便会提供该产品的试用样品——无论是清洁乳液、口红还是香水，并开始为消费者施抹。一旦消费者试用了兰金产品，销售员就能创造出一幅消费者所期望的美的形象。化妆品的香味、质地、颜色共同创造出一场多感传递的高效销售说明。

总之，不管运用哪种方式，只要你可以善用体验式销售，不但可以增进消费者对产品的了解和好感，而且也会增强消费者对你及你的产品的信任度，缩短销售成交的时间。

求安心理：买得要放心，用得要安心

在这个极度缺乏安全感的社会，安全感已经成为今天的消费者的第一购买需求。如果你和你的产品不能为消费者提供足够的安全感，那怎么能得到他们的认可呢?

销售人员的诚信是消费者的定心丸

美国纽约的一项统计显示：70%的消费者之所以从某一个固定处购买产品，是因为他们喜欢、信任和尊敬某个销售员。

这种现象反映了什么？其实说到底，就是因为怕被骗。

消费心理学认为，由于一部分骗子效仿销售人员的推销方式欺骗消费者，或者消费者买来的商品没能满足自己的期望，也可能是他们从新闻媒体上看到过一些有关消费者受损的事例，使自己利益受损或感觉到危机，于是，当他们再次看到销售人员时就自然想起他人或自己被骗的痛苦经历，于是潜意识里认为销售员都有可能欺骗他们。所以，很多时候消费者排斥销售人员以及他们的销售活动。

不过，虽然消费者怕上当受骗的心理会给你们的沟通带来障碍，但同时也会给你带来机会——因为当你拿出你的诚信时，你也就赢得了消费者的心。

从这个角度上讲，销售人员向消费者销售产品，就是在向他们推销自己的诚信。美国销售专家齐格拉就曾对不讲究诚信的销售人员将会遭遇到什么进行了深入分析，他得到的结论是：一个能说会道却心术不正的人，能够说得许多消费者以高价购买劣质甚至无用的产品，但由此产生的却是三个方面的损失：一是消费者损失了钱，也多少丧失了对销售人员的信任感；二是销售人员不但损失了自重精神，还可能因这笔一时的收益而失去了成功的推销生涯；三是对整个行业来说，损失的是声望和公众的信赖。

事实上，一切不讲诚信的行为都是“掩耳盗铃”。在信息传播日益迅速的市场环境下，销售人员不讲究诚信的行为是很容易被看破的，即便偶尔获得了成功，这种成功也是相当短暂的。正如林肯所说：一个人可能在所有的时间欺骗某些人，也可能在某些时间欺骗所有的人，但不可能在所有的时间欺骗所有的人。要想赢得消费者的信赖，让自己的销售之路走得远，诚信才是永久的、唯一切实可行的办法。

这就要求我们销售人员要做到：

不做夸张虚假的宣传

有些推销员把自己推销的产品夸赞的好得没边，歪曲了事实。显然，这种做法是不可取的，有百害而无一利。

避免说自相矛盾的话

这一点很重要，也许你讲话过快，以致于中心意思不够突出，或者你表达能力较差，无法有序表达自己的观点，致使你前后所说的话相互矛盾，让消费者糊涂，这样就会影响你的信誉。消费者不相信你的介绍，自然就不会买你的产品。解决的办法是耐心等待，直到自己的声带与大脑完全合拍，这样再开口介绍则基本不会出现任何问题了。

不为他人做托

作为销售人员，会经常遇到别人要求你为他说谎，或为他掩饰实情。但是请你记住，对此要坚决予以拒绝，因为这会毁掉你长期积累起来的信誉。一个诚信的销售员是不会要求别人替自己说谎的，而你自己也应该如此。

消费者总是禁不住排队的诱惑

从消费行为上来看，排队消费已经成为消费者的一个情结。对于大多数消费者来说，“听××说有家餐厅不错，天天排队”听起来比“××餐厅在打折”更有诱惑力。

那么，消费者为什么禁不住排队的诱惑呢?

说到底是人的从众效应在发挥着作用。“从众”是一种比较普遍的社会心理和行为现象。也就是人们常说的“人云亦云”“随波逐流”。大家都这么认为，我也就这么认为；大家都这么做，我也就跟着这么做。即使东西不怎么好，也会在心理上有所安慰，毕竟大家都在买，肯定差不了，上当也不是自己一个人。

这种心理自然也就给销售人员推销自己的商品带来了便利。销售人员可以吸引消费者的围观，制造热闹的行情，以引来更多消费者的参与，从而制造更多的购买机会。

“尿布大王”——日本著名的企业家多川博就是利用消费者的从众心理打开市场的。在多川博创业之初，公司采用新科技、新材料，生产出了质量上乘的尿布，也花了大量的精力去宣传产品的优点，希望引起市场的轰动。但是在试卖之初，基本上无人问津，生意十分冷清，几乎到了无法继续经营的地步。多川博先生万分焦急，经过苦思冥想，他终于想出了一个好办法。

他让自己的员工假扮成消费者，排成长队来购买自己的尿布，一时间，公司店面门庭若市，几排长长的队伍引起了行人的好奇：“这里在卖什么？”“什么商品这么畅销，吸引这么多人？”如此，也就营造了一种尿布旺销的热闹氛围，于是吸引了很多“从众型”的买主。

随着产品不断销售，人们逐步认可了这种尿布，买尿布的人越来越多。后来，多川博公司生产的尿布还出口他国，在世界各地都畅销开来。

可见，利用消费者这种心理的确可以提高推销成功的概率。

当然，消费者队伍不一定是有形的，还可以是心理上的无形队伍。比如，推销人员说：“小姐，这是今年最流行的时装，和您年龄相仿的人都喜欢。”再如：“这种热水器很畅销，您看这是一些用户订单，有东北的、华北的、西北的，有城镇的、也有乡村的。”这也是利用了消费者的从众动机，在消费者心里排起了一条长队。

但是值得注意的，对那些个性较强、喜欢自我表现的消费者，则不太适宜使用此招数。因为对他们用这招非但不能达到目的，甚至还会起到一定的反作用，失去这个消费者。

不过，还有一个前提我们不能忘，那就是商品的质量。因为销售最终还是要以质量赢得消费者的，而利用其心理效应只不过是一个吸引消费者的手段而已。

第三方可增加消费者心中的保险系数

一般人都不愿意做“实验室的小白鼠”，尤其是消费者。因为购买产品从某种意义上来说，就是一种冒险。即使事先做了很充分的准备，搜集了大量产品的有关信息，但是买回来后用着怎样仍是未知数。因此，人们总是想知道是否有先例可循。如果有，就会觉得别人已替自己分担了一定的风险，才会更放心购买。而如果是地位高，有威信，受人敬重的人的话，那就更加增加了不会出错的“保险系数”。

对于销售人员来说，如果可以正确合理地运用消费者的这一心理特点，给消费者提供最有效的证明——一个可供他们模仿的第三方，不仅可以证明自己商品的质量，使自己充满信心，还可以消除消费者的疑虑，获得消费者的信赖，从而达到增加销售量的目的。

这里的第三方，一般有以下几种选择：

一是权威人物

“人微言轻，人贵言重”。人们对权威的深信不疑和无条件遵从，会使权威形成一种强大的影响力，销售人员利用这种权威效应则可以在很大程度上影响和改变消费者的行为。

比如一位销售专家，他总是随身携带着一本有许多页的消费者名单，名字都是消费者自己手写的。每当面对新的消费者，他都将名单放在桌子上。“你知道我们非常以我们的客户为荣，”他说，“你认识最高法院的威廉法官，对吧？我估计你也认识理查德，全国制造公司的总裁。他们都使用过我们的产品。你看，这是他们的名字。”他会饶有兴致地和新消费者谈论这些名字，然后说：“有这样一些人都接受了这个价位，如……”他接下来念着一些更知名的人的名字，“具有这种才干的人是什么样的人，就具有什么样的判断力。我想把你的名字写在下面，和威廉法官与普雷市长的名字放在一起。”一般来说，无需再进行其他的争论，他就与多数消费者成交了。

其实，这位营销专家的成功就是靠用权威人物的有力证明启动了消费者心中的安全感。这比干巴巴地介绍产品或服务的优点更能打动消费者。

二是明星人物

打开电视机，不管你乐不乐意，都会看到许多广告片，而广告中的人物大多数都是那些有名的影星、歌星、体育明星，而不是那些名不见经传的小人物。我们都知道，不管是明星做广告还是普通人做广告，商品的质量都不会因此而发生变化。

但不可否认的是，由明星做广告的商品确实会因此而被很多人所接受，增加该商品的销售量。这是因为，在名人的“光环”下，“注意力经济”也就因此而产生了。人们因为关注明星，而关注其代言的商品，因为对明星的感觉很好，则认为其代言的商品也是值得信赖的，这样就帮助商家达到了商品的宣传和销售的目的。

三是身边的人

世界上最伟大的推销员乔·吉拉德将自己的成就归功于“250定律”。即每一位消费者背后都有250个与他关系密切的人，这250个人可以是那位消费者的同事、邻居，也可以是他的亲戚、朋友。无论怎样的关系，毫无例外的是，这250个人必然会受到那位消费者的影响。如果你让他产生了不愉快的感觉，那么，也就意味着，你失去了他背后这250名消费者。

那么，反过来说，如果他背后那250名消费者知道他已经购买了，并且使用满意，那么，也必然会增加这250名消费者对于销售人员及产品的信任度。乔·吉拉德也曾说过：“买过我汽车的消费者都会帮我推销。”

当然，在销售的过程中，销售人员也要正确合理地运用这种优势，而不能贪图眼前的利益弄虚作假欺骗消费者，这样必然会带来严重的后果。

求廉心理：物美价廉才是硬道理

购买物美价廉的商品是消费者，不涉及“小气”“抠门”等个人品质问题基本的购物心理。不仅是经济收入较低者，很多经济收入较高而勤俭节约的人，也往往要对同类商品之间的价格差异进行仔细的比较，精打细算，达到“少花钱多办事”的效果。

占便宜的感觉比占便宜本身更重要

很少听见有人说“我就是喜欢花多倍的钱买同样的东西”，用尽可能低的价格求得尽可能多的回报，这种占便宜的消费心理支配着大多数消费者的购买行为。

需要强调的是，这里的“便宜”，并不是便宜本身，而是一种心理上的感觉，消费者在进行消费的时候，感到占了便宜，他们才会愿意掏钱购买该商品。这也就是经济学中所说的“效用”。作为销售上员，你需要做的就是学会满足消费者的这种心理需求，这样，他们才会更容易、更爽快地掏出钱包。

其实，从某种意义上来说，销售的本质就是让消费者有一种占便宜的感觉，没有什么能比优惠、便宜、免费更能引起他们的注意，激起他们的兴趣的了。销售高手总是能利用消费者的这种心理，找出借口卖出东西，并让消费者觉得占了便宜。

具体来说，可以用以下方法：

送赠品

每个人都希望花最少的钱，买最多的商品，要是能够免费赠送那就更好了。不过同时，每个人又都有一种“无功不受禄”的心理——正所谓“吃了人家的嘴软，拿了人家的手短”。消费者接受免费赠送的东西后，就会产生一种负债感，因此只能通过购买产品的方式，以减轻那种负债的压力。

需要注意的是，在赠品的选择上，商家及销售人员也要制定基于消费者心理和消费行为的技巧性分析和针对性策略。比如，买“牙膏送玻璃杯”“买洗发水送香木梳”等，消费者受到的触动是基于有价物赠品的使用性和现时个人或家庭需要的紧迫性，由于赠品和产品都是消耗品，所以他们相得益彰，促销具有持续性；比如“买水壶送茶杯”“买微波炉送耐高温菜盘和碗”等，产品和赠品在使用过程中关联性非常大，功能上本身就是搭档，所以消费者受到的触动就是其配套性，相对于别的产品显得超值，同时避免了重复购买的开支，一举两得；比如“糖果罐设计成储币罐”“奶粉罐设计成多用储藏罐”、包装设计成书包、提袋、钱包、文具盒等。其新颖性和实用性就是消费者选择的诱因。

给优惠

优惠是推动销售最有效的方法之一，大多数消费者都只看你给出的优惠是多少，然后和你的竞争对手做比较，如果你没有让消费者觉得得到优惠，他们可能就会离你而去。通常来说，商家或销售人员往往会采用打折、送券、积点等优惠手段招徕消费者。

打折也就是价格折扣，我们看到有些商家挂出“大减价”“清仓处理”“血本买卖”等口号来刺激消费者。这种价格折扣的促销方式有立即见效的效果，因为这种标语是显而易见的，消费者一看就知道该商场打折了，因此，这种手段经常被商家或销售人员所采用。

送券即赠送代金券。这种代金券是指消费者可以凭此券在购买某种商品时免付一定金额的钱。赠寄代金券这种销售促进方式可以使消费者节省支出，引起尝试购买的兴趣，增多每次购买商品的数量，还可以起到刺激潜在购买者的作用。

积点优惠又叫商业贴花，种类繁多，通常有两种方式：一种是消费者必须收集积分点券、标签或购物凭证等证明，达到一定数量时，则可兑换赠品；一种是消费者必须重复多次购买某种商品或光顾某家零售店之后，才得到收集成组的赠品。

但不管哪种方式，都恰恰满足了消费者喜欢占便宜的心理。

讨巧话

既然消费者想要的只是一种感觉，那么，销售人员也完全可以只满足消费者的这种心理需求，而不是一定要把产品卖出低价。其中，用具体的数字来说明就是一个很好的技巧，例如：一个销售网络广告的销售员要消费者在网上打广告。消费者问他：在网上打广告我能得到什么好处？销售员就给他算了一笔账：投资1450元打一个广告，每天至少产生100个以上的访问，以500天计算，每个访客成本为3分钱。以每30个人中有1个人成交，每天能赚多少钱呢？于是，消费者签单了。

另外，用诸如“今天刚开张，图个吉利，按进货价卖给你算了！”“这是最后一件，按清仓价卖给你！”“马上要下班了，一分钱不赚卖给你！”此类的话，也会给消费者占便宜的感觉：便宜都让一人独占了，这样的便宜，有谁不会心动呢？

最后，还要特别注意，不管是哪种手段，在使用上一定要注意方式和分寸，既要满足消费者的心理，又要确保让消费者感受到实实在在的实惠，这样才能够保持和他们长久的关系，实现互惠互利。

“谢绝议价”是一块消费者的止步牌

绝对一点说，几乎没有不与销售人员讨价还价的消费者。不过，与其说消费者喜欢讨价还价，还不如说消费者喜欢讨价还价的感觉。

因为在很多时候，消费者讨价还价只是为了找寻一种心理的平衡，生怕自己买贵了吃了亏。在不了解商品行情时进行讨价还价是为了试探商品真正的价格，对商品的行情有了了解的情况下再进行讨价还价，则是希望能够以更低的价格购买商品，也是怕销售员给别人优惠，而没有给自己优惠而产生的一种心理反抗。另外，消费者在议价的过程中也满足了自己作为“上帝”的征服感——当人们都在议论销售人员精明时，他们战胜了销售人员，证明自己才是聪明人。

如果销售人员不懂得消费者这种喜欢议价的心理诉求，打出“谢绝议价”的标语，无异于给自己挂了一块让消费者止步的牌子。要知道，只有经过询价、砍价这个过程，消费者对销售人员有了信任，对产品有了认可，并在产品价值与价格之间找到平衡后，他们才会最终做出购买的决定。

例如，如果某件产品标价280元，最后经过讨价还价，消费者以180元的价格买下了这件产品，他会非常高兴。不论这件产品的价值是不是180元，但是经过自己的努力，他以这个价格得到了，他就会非常开心。

相反，如果商家给出了180元的价格，却拒绝议价，消费者很可能不会购买这件产品，即使这件产品真的在降价出售，消费者也多半不愿意购买。他们会认为商家没有人情味，即使原本打算购买的念头也打消了。

基于消费者有这样的心理，作为一名销售人员，在给消费者报价时，与其给出一个最便宜的价格，不如给他们一个讨价还价的空间，以便满足一下他们喜欢砍价杀价的心理，这样最后成交的概率会大大提升。

另外，销售人员要注意，虽然报价往往高于自己的最优价格，但是也不可以狮子大开口，防止吓到对方，导致对方知难而退，甚至一走了之。如果真是这样的话，报价就毫无意义了。而是一定要让消费者感觉到这个价格是可以商榷的，当他们领悟到“砍价机会”的时候便能够用一种期待的心态来进行交谈，你便可以趁机摸清消费者的价格意图了。

在实际的销售环节中，销售人员可以这样与消费者沟通：“刚才听了您的具体需要，我认为在价格上还是可以为您做出一定调整的，当然，这需要根据您要求的订购数量、包装质量、售后服务等具体情况来定。”这样的话语会让对方感觉到其中还有商量的余地，通常会将价格往低了说。这时，销售人员可以给出一个具体的心理底线，比如说：“虽然我们可以在价格上商议，但是我们所能够接受的最低价格是……”显然这个最低价格也还是高于最优价格的。经过这样的讨价还价，消费者可能会想：“虽然感觉这个价格还是有些高，但这是让步后的价格了。”如果他有了这样的想法，那么就有可能接受后面的这个价格了，交易也就由此可能达成了。

总之，作为销售人员要时刻记着，有些消费者在乎的不是产品的价格高低，而是他们想通过和你的讨价还价获得一种成就感。所以，一个优秀的销售员不仅要有丰富的专业知识，还要懂得并善用消费者的一些心理，以使交易实现主客双赢的美好局面。

满足消费者砍价的心理诉求

在多数的消费场所，消费者与卖家都有讨价还价的余地，这正是市场经济的特点。而有一部分消费者，更是有习惯性的“砍价癖”，砍价成功会让他们很有满足感。对普通消费者来说，砍价成功也会让他们觉得自己买得比别人实惠。销售工作要懂得满足顾客的这一心理欲求。

在销售当中，出现销售人员与顾客之间讨价还价的情况是很正常的现象。顾客的钱都是辛辛苦苦挣来的，没有哪一个顾客会不问价格、不问质量就痛痛快快地进行购买的。讨价还价是消费者正常的心理需要，目的是获得某种心理平衡。只有当顾客在心理找到了这个平衡点后，他才会最终做出购买的决定。如果没有达到平衡点，顾客就会和销售人员进行议价，在你来我往的争论中找到双方都能够接受的方案，实现双赢。

不过，在心理上，人们都希望在与商家议价的时候能够得到更实惠的价格。因此，作为一名销售人员，在交易的时候千万不要急于求成，太快的交易只会让顾客觉得自己给出的价位偏高，于是便觉得自己在这场交易中吃了亏，有时还会对产品的质量产生怀疑。如此一来，对买卖双方都不利。

过快地接受顾客的要求并不能给销售人员带来多少好处。举一个例子：

有一对夫妇翻看杂志时，中间插页广告中的一座古式的挂钟吸引住了他们的目光。

太太说道："你瞧，这钟多古色古香！若是挂在咱们家的走廊上或是大厅中，那就再好不过了。"

先生也表示认同："嗯，不错，我正想买个类似的钟挂在家中，只是不知道得要多少钱，广告中也没有标出价钱。"

经过寻觅，他们在本市最大的超市中看到了这款挂钟。太太高兴地说："就是它，就是这个！"

"还真是啊！"先生答道，"但是我们说好了，超过500元我们就不要了。"

于是先生问售货员这款钟多少钱，售货员说："500元。"这位先生说："我也不多说，这个钟我准备出个价钱，我不喜欢讨价还价，听着，300元，卖不卖？"售货员连眼都不眨一下，就说道："拿走吧。"

比预期少了200元，先生不但没有得意洋洋、沾沾自喜，他的第一个反应是："怎么搞的，也许200元都能敲定。这钟必定有问题！"

当他提着钟走向停车场时，心里还在想："这钟应该很沉才对，怎么这么轻呢？是不是次品？"

事实上一点毛病也没有，当钟挂在走廊时，看上去很美观，而且分秒不差。只是这对夫妻的心情却总是轻松不起来。为什么，就是这位销售员太痛快地接受了他们300元的出价。其实客观地说，这个价格对于那位销售员来说已经很低了，销售员一方根本没有赚到多少钱。不过这对夫妻却觉得自己上当了，买贵了，这就是人的心理在起作用。

所以面对顾客，在议价的过程中，要抬高你的门槛，不要那么容易就达成协议，要让顾客感觉到你是在割爱，你是很不乐意才把这件物品给卖出去的，你给出的价位已经是让自己利润薄得可怜的底线了。这样，他们在心理上才会有很大的满足感，才会感激你。要让你的客人觉得和你做生意的时候他们从你这里占到了一些便宜，心理上有了一种满足感，才会高兴地继续和你合作。

日本东京一家叫“美佳”的西服店，就是准确地抓住了顾客的这种想占更多便宜的购买心理，有效地运用折扣售货方法销售，获得了成功。

具体方法是：先发一公告，介绍某商品品质价格等一般情况，再宣传打折扣的销售天数及具体日期，最后说明打折扣的方法，即第一天打九折，第二天打八折，第三天、第四天打七折，第五天、第六天打六折，以此类推，到第十五天、第十六天打一折。这种销售方法实施的效果是，前两天顾客不多，来者多半是打探虚实和看热闹的。第三天、第四天人渐渐多了起来，在打六折时，顾客像洪水般地拥向柜台争相抢购。以后连日爆满，还没到一折售货日期，商品早已销售告罄。

在这里店家可能在商品打五折的时候就已经赚钱了，但顾客们的想法是：打六折自己就已经省钱了，但要等到店家打一两折时可能就抢不到了，于是就提前下手了，但这已经是掉在商家为消费者挖好的陷阱里了！

求尊心理：“上帝”要的就是当上帝的感觉

在人的潜意识里，都希望他人对自己抱着强烈的尊重、重视。对于一个对我们表示强烈尊重、重视的人，我们在不知不觉中就会对其产生好感。也就是说谁能给消费者当上帝的感觉，谁就能够赢得“上帝们”的心。

没有消费者不喜欢上帝般的礼遇

“消费者就是上帝。”销售行业这句名言并不是一句空话，因为消费者自己往往也是这么认为的。

其实，从心理学的角度来说，渴望受到重视，这是一种很普遍的、人人都有的心理需求，尤其是消费者，更加看重销售人员对自己是否足够重视与尊重。如果销售人员可以像尊敬上帝一样去尊重消费者，让他们感受到前所未有的重视，满足了他们的自尊感，往往都能够赢得他们的心。

同一家公司的两个推销员一同出去推销自己公司的一种产品，而且，他们也先后都到过同一家公司去推销，但结果却截然不同。

第一个推销员进门之后就开始滔滔不绝地向采购部经理介绍自己

的产品多么多么的好、如何如何地适合他，他不购买就等于吃亏等。这样的话不仅没有引起经理的兴趣，反而让他很反感，于是很不客气地让人把他轰走了。

等到第二个推销员又来的时候，采购部经理知道他们推销的是同一种产品，本来不愿意见他，但是他又想听听这个推销员是怎样的一种说辞，于是就请他来到了自己的办公室。第二个推销员进来后没有直接介绍自己的产品，而是很有礼貌地先说抱歉、打扰，然后又感谢经理百忙之中会见自己，还说了一些赞美和恭维的话，而对自己产品却只是简单地介绍了一下。可是他发现经理始终都是一副很冷淡的样子，觉得这笔生意已经很难做成了。不过，虽然他心里多少有些失落，但还是很诚恳地对经理说："虽然我知道我们的产品是绝对适合您的，可惜我能力太差，无法说服您。我认输了，我想我应该告辞了。不过，在告辞之前，想请您指出我的不足，以便让我有一个改进的机会好吗？谢谢您了！"

谁知，采购部经理的态度这时却突然变得很友好，很和善。他站起来拍拍第二个推销员的肩膀笑着说："你不要急着走，哈哈，我已经决定要买你的产品了。"

这其实就是消费者的自尊心理所起的巨大作用！给消费者以高规格礼遇，他们的自尊心理得以满足，自然更愿意和你做生意，购买你的产品或服务。

这就要求销售人员做到以下几点：

不要以貌取人

与渴望得到重视相对的，是害怕被人轻视。一个人不管地位高低，财富多寡，希望被尊重的心理是一样的。因此，在销售中，要平等地对待每一个消费者，不能以貌取人，更不能"势利眼"。每一个消费者都是我们的上帝，对待上帝一定要用心服务、细心维护。更何况现如今“势利眼”也常常会看走眼，我们经常看到一些真正有钱的人生活是相当朴素的。所以说，维护好每一个消费者的尊严，才是销售方的生财之道。

保持热情接待

正如美国著名作家爱默生所说：“没有热情，任何伟大的事业都不可能成功。”销售行业也不例外，据调查，热情在销售中所占的比重为95%，而产品知识只占5%。其实，现实生活中也经常会有这样的情况：有的消费者满怀希望的去购物，一见销售人员满脸冰霜就会转身而去，到别家商店去买。可见，如果你希望自己成为一名优秀的销售人员，就要让自己永远沐浴在热情的光影里。只有诚挚的热情才能融化消费者的冷漠拒绝，让他们被你的行为所感染，带你走上销售成功之路。

给予足够关注

在消费过程中，很多销售人员总是一味地关心自己的产品是否能卖出去，一味夸赞自己的产品多么先进、多么优质，而不考虑是不是适合这个消费者，他喜不喜欢。这样给消费者的感觉就是你只关注自己的产品，只注重自己能赚多少钱，而没有给他以足够的关心和重视。他“做上帝”的心理需求没有得到满足，往往会毫不犹豫地拒绝你的推销。能否站在消费者的立场上，为消费者着想，才是决定销售能否成功的重要因素。你真诚地为消费者考虑了，他们感受到了关心，才会和你达成交易，甚至和你建立长期的伙伴关系，实现彼此的“双赢”。

认真对待投诉

当消费者的需求没有得到满足时，就会通过情绪、语言和行动表达出来，对产品和销售人员产生抱怨。如果被重视并妥善处理，他们的情绪散去，投诉的问题也会大事化小，小事化了。此时，这个消费者不再是投诉者，而转变为了你的一个忠实的客户，一个朋友。相反，如果销售人员没有很好地处理，就会失去这个消费者的信任，而且，这一个消费者，在未来的日子里，他会对至少10个或者更多的人说：千万别用这个产品或服务不好的公司！这样，你就失去了10个消费者或者更多。所以，销售人员一定要正确看待并认真对待消费者投诉。

自说自话式销售80%都不会成功

众所周知，能言善辩是销售人员必备的基本技能之一，不过，有时说得太多太好就是错。凡是销售人员自己在那滔滔不绝的，推销80%都不会成功。

这是因为，一个自说自话的销售人员，往往会太以自我为中心，而忽略了消费者的心情和想法，不给消费者任何表达的机会。要知道，即使是性格内向者，也有表现自己的欲望。销售人员的健谈，喧宾夺主，压住了消费者的光芒，必然会引起消费者的反感和厌恶。所以我们说，作为销售人员，你不仅要学会说，更要学会听。听消费者说话，让消费者多表达自己的想法，这样才会让他们感到受重视，满足表达自己的心理需求。同时，销售人员还可以从消费者的表达中，获得有用的信息，帮助自己了解消费者的心理，从而实现有效的沟通。

关于这一点，世界上最伟大的推销员乔·吉拉德就深有感触。以下是他的亲身经历：有一次，一位客户来找他商谈购车事宜。在销售过程中，一切进展顺利，眼看就要成交，但对方突然决定不买了，这让乔·吉拉德百思不得其解。到了晚上，乔·吉拉德仍为这件事感到困扰，他实在忍不住就拨通了对方电话。

“您好！今天我向您推荐那辆车，眼看您就要签字了，为什么却突然走了呢？”“喂，乔·吉拉德，你知道现在几点钟了？”“真抱歉，我知道是晚上11点了，但我检讨了一整天，实在想不出自己到底错在哪里。因此冒昧地打电话来请教您。”“真的？”“肺腑之言。”“很好！你是在用心听我说话吗？”“非常用心。”“可是，今天下午你并没有用心听我说话。就在签字前，我提到我的儿子即将进入密歇根大学读书，我还跟你说到他的运动成绩和将来的抱负，我以他为荣，可你根本没有听我说这些话!”听得出，对方似乎余怒未消。但乔·吉拉德对这件事却毫无印象，因为当时他确实没有注意听。话筒里的声音继续响着：“你宁愿听另一名推销员说笑话，根本不在乎我说什么，而我也不愿意从一个不尊重我的人手里买东西！”

其实，我们每个人都希望得到别人的关注，或者说，每个人都希望自己所讲的话别人愿意去听、喜欢去听。消费者尤其如此。你的倾听，不仅会让他认为你受到他所讲的话的吸引，而且也会为你自己赢得揣摩消费者心思的时间，这样对双方都有益的事情，为什么不多做一些呢？

在倾听的时候，销售人员要面向消费者，身体前倾，把目光集中在消费者的脸、嘴和眼睛上，让消费者感觉你会记住他所说的每一句话、每一个字。还可以不时地用“嗯”“哦”等回答向消费者表示你在认真听他说话，也可以适当发问或者对其谈话的内容进行重复，这样做会使你表现得足够诚恳，消费者内心就会得到满足，认为自己得到了关注，合作的机会就会变得很大。

倾听时，即使你对消费者的观点不赞成，或认为他的要求不合理，也要尽力控制自己的情绪，不要激动，更不能发怒，也不要对消费者的观点和想法急于下结论，要等到消费者说完之后再发表自己的意见。只有这样，消费者才能感受到被尊重，即使你下一步是拒绝，他也不会觉得你是在敷衍他，而是实在不能做出让步。而且，在否定消费者的观点时，你的态度也要谦虚。作为销售人员要时刻记住尊重你的消费者，要用谦虚的心态和礼貌让消费者觉得你不但是推销产品的专家，而且还是一个有修养的人，这样消费者才能产生和你进一步沟通的想法，你提出的意见他也就比较容易接受了。

另外，销售人员不仅要学会倾听，还应该会引导消费者说，鼓励消费者多说自己的事情，这才是倾听的真正秘诀所在。谈论他最感兴趣的话题是通往其内心的最佳捷径。

最后，还要记住一条原则——永远不要表现的比消费者更聪明。聪明是好事，但是处处显露自己的聪明就是愚蠢了。在销售过程中，你可以选择自己出风头，丢掉生意，也可以选择把光彩让给消费者，换来他们对你的认同和财源滚滚。一舍一得，选择并不难，如果你真的聪明的话，应该懂得怎样取舍。

“特殊照顾”更容易打动消费者的心

市场竞争越来越激烈的环境中，要想让消费者选择你绝非易事——你的产品跟别人的没区别，消费者跟你也不是朋友，凭什么一定要买你的产品呢?

一个最有效的策略就是让消费者感觉自己受到了特殊的“照顾”，即让消费者觉得你在暗地里给了他优惠。这样，消费者才能接受你，并且在以后每次需要产品的时候，第一个想到你。

例如下面这个例子：有一对夫妻，平常都是妻子负责买菜做饭。这天正好是周末，丈夫便陪妻子去附近的菜市场买菜。

买肉的时候，他发现妻子为了买一斤肉，绕过二十几个肉摊，特意来到一个很不起眼的地方。老板看见妻子笑着问：“刘太太今天要点什么肉？”妻子说：“给我来一斤五花肉。”老板压低声音说：“今天的五花肉不好，很肥，我建议您买梅花肉吧。今天的梅花肉特别好，我还是按那个价钱给您。”妻子说：“好吧，我就买一斤梅花肉吧。”

丈夫很纳闷，就问妻子：“为什么你买肉不挑不拣，还专门来这个地方买？”妻子回答说：“因为我是这家的老客户了，老板很照顾我，总是悄悄地给我打九折。他说今天五花肉不好就应该是不好的，他从来没骗过我，而且，他的价格是这几家里最低的。”老板很快把肉称好了，一看好像真的很好，然后还顺手切了块瘦肉当添头。看到这里，丈夫终于明白为什么妻子特意来这家肉摊买肉了，也明白为什么这个摊子的生意比别家好很多了。

其实，消费者的这种心理很好理解。因为从心理学上讲，人人都希望自己能够在同样的情况下得到特殊对待。因此，消费者在购买产品时，不仅会在意自己购买产品的价格，还会特别关注别人买下该产品的价位。如果自己能以比别人更多的优惠获得此产品，他们将会很痛快并且很高兴地买下产品。如果看到自己与别的消费者待遇相同时，他们就会多少产生一点失落感，觉得自己不过是众多消费者中不起眼的一个，从而很难快速地做出购买决定。

尤其在市场竞争日趋激烈的今天，什么“清仓大处理”“挥泪大甩卖”“今天跳楼价”等促销活动已经不再是什么新鲜事。当然，它确实也产生了一定的效果。但是，如果你不想这么“大动干戈”，只想给消费者小小的优惠，就想让消费者成为你忠实的消费者的话，“暗地里的优惠”是最好的选择。因为这种方式，不仅让消费者看到了实惠，还让消费者感觉自己与众不同，使其希望受到他人重视的心理得到了满足。

不过，要注意的是，“暗地里”给消费者一点优惠，虽然是可以带给消费者一些心理满足。但这种优惠也要有分寸，尤其是价格上的优惠，不能前后价格差距悬殊。既要让消费者看到实惠，又要让消费者觉得合情合理，这样，才能使消费者成为你的忠实客户，长久地给你带来利益。否则，反而会让消费者心生怀疑，产生一种被欺骗的感觉。

求美心理：看“脸”时代拼的是“颜值”

爱美之心，人皆有之。消费者在讲究实用，精打细算的同时，也会特别注重商品本身的造型美、色彩美，注重商品对人体的美化作用，对环境的装饰作用，以便达到经济实用和精神享受的双赢目的。

人要衣装佛要金装，产品要包装

俗话说“人要衣装佛要金装”，那么产品呢，也要包装。因为包装不仅仅是为了保护产品本身，为消费者的购买和使用提供便利，更重要的是使消费者在短时间内分辨出质量的好坏，唤起其购买欲望。

这其实是许多商家针对消费者的心理而做出的重大举措，因为许多人看中的是与商品价值不相符的外包装。“买椟还珠”的例子已经很好地佐证了这种现象。

打个比方，包装就像产品从待售阶段到消费阶段的“嫁衣”，如果包装美观适当，就像是无声的推销员，刺激消费者的购买欲望。相反，如果包装劣质，很难令消费者对产品本身产生兴趣。

20世纪90年代，英国出现了疯牛病，这给英国人带来很大的痛苦。因为牛肉是他们餐桌上的美味佳肴，少了它就像刚出生的婴儿断了奶一样。

为了满足消费者的需求，英联邦政府加大外贸进口，从国外大量进口牛肉。意大利的一家肉类加工厂捷足先登，率先同英国的外贸口岸取得联系，希望能和英国企业联手赚取更多的钱。当英国的一家进口公司接到意大利肉类加工厂的信函通知时，马上组织人员前往这家肉类加工厂洽谈业务。当有关人员到达这家肉类加工厂时，却发现他们的产品根本不符合进口要求。原来这家肉类加工厂的牛肉只包裹了简单的塑料薄膜，然后装在一个普通的纸箱里，所以英国的进口公司当场表示不能与他们签订进口合同。

正当英国进口公司人员准备回国时，却意外地接到公司总裁的电话，要求他们暂时不要返回国内，到距这家肉类加工厂不足100公里的一个小城镇的一家肉类生产厂去看看。当这些人员赶往这家肉类生产厂时，这家工厂的老板及部分人员早已做好充分准备，一个并不太大的工作院内打扫得干净，各种各样的卫生宣传画到处可见。

当他们走进生产车间时，看到工人们井然有序地工作着。车间里很干净，从地面到墙面无一点污渍，到这里就像进了一家高级宾馆。

从这一点上看，英国进口公司的人员表示非常满意，并连声说："OK，真了不起。"当这家工厂的老板带领他们进入冷藏室时，他们看到一排排整齐的包装物时，感到很有兴趣。老板介绍说，这些肉类经杀菌后真空包装，而这些包装物又都是特制的，这样能使肉质长期保持鲜嫩，而且存放时间长。只要你不打开包装，存放时间可以在一年半以上，再看包装物的外表，也是相当精致。

英国客商当即拍板，要进口100吨牛肉。当他们把这些牛肉拉回国内时，被英国消费者一抢而空，以后意大利的这家牛肉生产厂就源源不断地向英国供应大量的牛肉。直到疯牛病过后，意大利的牛肉在英国仍然很吃香。一位英国老太太说："看到这样的外包装，就好像肉是刚从牛身上剔下来一样新鲜！"这家肉类生产厂仅靠英国，每年就赚取了高额的利润。

这家肉类生产厂就是借助了恰当的产品包装打动了消费者，取得了消费者的信赖，并取得了成功，使自己的牛肉在英国很畅销，并从中赚取了高额利润。

不过，如果只是盲目地追求精美的外包装，而忽略了成本标准，这就必然会增大成本支出，给自己带来利润损失。所以我们既要依据产品的价值，以及消费者的心理，同时还要保证一定利润空间的包装，才是适合市场的，也才有希望得到消费者的认同。

色彩左右消费者的购买选择

在营销学中，有一个著名的定律，叫作“七秒钟定律”。也就是说，面对琳琅满目的商品，消费者仅仅用7秒钟就可以确定对相关商品是否有兴趣。而在这短暂而关键的7秒中，色彩的作用达到了67%，成为决定人们对商品喜好程度的重要因素。甚至可以说色彩几乎左右了消费者的购买选择。

曾经有这样一家饭店，地处繁华地段，服务周到热情，但开业后生意很冷清，消费者一进店门调头就走，令老板百思不得其解。老板的一位教授朋友实地观察后，认为问题出在饭店的墙壁、餐桌、地板全是火红色的，他告诉饭店老板：红色是一种冲击力很强的色彩，大量的红色会使人心情烦躁。

老板恍然大悟：“怪不得没人来我这里浅斟慢酌、谈情说爱呢，连我呆久了也会有暴躁不安的感觉。”于是，他把所有的地方都改成了淡绿色。不料，在营业中又出现了新的烦恼：消费者就餐完毕不肯离去，大大地影响了餐座的利用率。

店老板又去向教授请教。教授说："我只是让你改涂墙壁，谁让你去改桌椅和地板呢？"于是老板把桌椅、地板恢复成红色，果然，餐座利用率提高了，生意也愈发红火起来。原来，餐桌保留红色，能促进消费者的食欲；但是如果逗留时间过长，这种红色就会变成一团令人烦躁的"火"，会促使消费者快速离开。

这说明，恰当地运用和组合色彩，调整环境的色彩关系，对形成特定的氛围空间能起到积极的作用。因此，作为销售方一定要特别重视色彩因素对消费者的视觉传达。

一般来说，色彩搭配有以下几个原则：

一是用色彩增强消费者对产品的记忆力

人们对语言文字和图片的记忆力比较，大多数都是对图片的记忆力比较强烈，而又有比较研究发现，有色彩的、独特的搭配的色彩语言，为图片在大脑中的储存增加了超过一半的机会。销售者恰如其分地运用色彩，就会强有力地刺激消费者的视觉，让色彩在人头脑中形成一种强势的语言。例如，家乐福的不少店都用彩色塑料杯拼出了自家的logo，并用蓝色拖鞋组合成了一条海豚，挂在半空中。这样的搭配，能积极调动消费者的情绪，并给消费者留下极为深刻的影响。

二是利用色彩增加产品的附加值

产品色彩的多样性，满足了消费者选择色彩的多样性，这使色彩具有低成本高附加值的功效。据国际流行色协会调查数据表明：在不增加成本的基础上，通过改变颜色的设计，可以给产品带来10%~25%的附加值。在很多小饰品的色彩运用上，首先给人最直观的感受是丰富的色彩，这在外形相似的情况下，色彩的丰富加大了消费者选择的宽度，提高了产品超出本身的价值，大大提升了促成消费的可能性。例如，"三精口服液，我选蓝瓶的"。哈药集团生产的口服液正是运用消费者对色彩的敏感策略来提炼的产品卖点。如今，估计长城内外，大江南北的老少妇孺们没有人不知道这句广告语。

运用色彩引起品牌的情感共鸣

色彩除了能留给消费者以强烈的视觉印象外，还能引起消费者的情感共鸣。例如：红色具有热烈、兴奋的情调；绿色具有冷静、稳定的情调；蓝色具有抑郁、悲哀的情调等。每一种颜色代表不同的语言、不同的性格表现。因此，利用色彩引发消费者的情感共鸣，达到最终的消费目的，也是一个必不可少的点。

瑞士雀巢公司的色彩设计师曾为此做过一个有趣的试验，他们将同一壶煮好的咖啡，倒入红、黄、绿三种颜色的咖啡罐中，让十几个人品尝比较。结果，品尝者一致认为：绿色罐中的咖啡味道偏酸，黄色罐中的味道偏淡，红色罐中的味道极好。由此，雀巢公司决定用红色罐包装咖啡，果然赢得消费者的一致认同。

不过，不同的消费者对色彩的敏感程度有很大差异。一般来说，女性消费者、儿童消费者容易受到色彩的影响，因此以她们为目标市场的商品更应注重色彩的作用。

购物环境的优劣影响消费者的购买行为

人离不开环境，环境的刺激会引起人的生理和心理效应，例如，我们在自己的家里、在亲人面前才会感到不受约束，感觉到自由随意，而在其他场合就会受到拘束，而这种因为环境造成的不一样的感觉又必然会影响到我们的行为。推而广之，从消费行为上来说，消费者的购买行为通常也是在一定的购物场所或环境中实现的，因此，购物环境的优劣必然会对消费者的购买产生影响。

针对消费者的这一心理，我们可以通过改变消费环境，对消费者的心理造成一些有利的影响，来促使交易朝着正面的方向前进。理想的购物环境，会对消费者的感觉器官有着较强的刺激力，使他们在观赏选购商品时，感到优雅、舒适、和谐，始终保持兴致勃勃的情绪，从而促成购买行动，而且在购物或消费之后，还能吸引他们再一次光临这个场所，让他们把满意的体会转告其他消费者，为营销单位传播美誉。

具体来说，我们可针对以下几个方面做出改善：

音乐

消费场所播放的音乐能对消费者的消费行为起到非常重要的促进作用。例如，位于某大学附近的一家很受周围大学生和小区居民欢迎的书店——"芝麻开门"书店，就是利用看似无关紧要的背景音乐而取得成功的。与大学周边众多的大小书店相比，"芝麻开门"书店店面并不是最大的，书品种并不是最齐全的，装饰也不是最华丽的，然而，"芝麻开门"书店却始终顾客盈门。书友们对"芝麻开门"书店的评价是："去'芝麻开门'书店，听着和谐的曲子，本身就是一种享受。"

在曲调、曲风的选择上，需要注意的是，并不是任何音乐都能唤起消费者的购买欲望，音乐同样需要因人而异。例如：青少年经常光顾的卖场会播放摇滚和流行音乐；消费群体比较追求时尚潮流的地方趋向于播放流行乐队或乡村音乐等；在中产阶级常去的餐厅通常可以欣赏到爵士乐或器乐曲；在奢侈品消费场所总能听到高雅的古典乐曲；在超市的通道中穿行时往往伴随着管弦乐队的经典曲目。但无论播放何种音乐，目的只有一个：延长消费者的消费时间，赚更多的钱。

气味

我们总会被气味吸引。例如，面包店门前常年飘散的香甜气味会让人忍不住去买一个。

对此，心理学家曾在法国外省的一个小城里做过这样一个持续数星期的实验：只选晚上的时间段作观察。这是一家小披萨店，有22个座位，菜单也相对简单(例如主食有17种披萨，4种肉食主菜，3种饮料，4种沙拉)。安装在墙上的时髦的喷雾器启动后，气味分熏衣草和柠檬两种。根据事先对香氛的研究，熏衣草香精可以帮助放松，而柠檬有一定的刺激效果。引入“无香氛”作为实验控制条件之一。统计实验期间消费者在店里呆的时间长短以及平均每位消费者花费的金额。统计数据显示出“柠檬”味独占鳌头。这种香精能鼓励消费者呆得更久，消费更多。

事实上，消费者大多数的购买决策都是建立在感情基础上的。而在人类的所有感觉中，嗅觉对人的感情最具有影响力。在某个地点闻到一种熟悉的气味，这气味本身从某种角度而言已经刺激到了嗅觉，于是能影响到消费行为。因此，销售者就可以通过精心设计的香味来增强消费者购物氛围。

温度

气温有时候也会影响人们的购物情绪。研究证明，气温在20℃¯22℃的情况下，人心情舒畅；在18℃、20℃时人的工作效率最高。当环境温度超过34℃时，人不仅大汗淋漓，而且心情烦躁，易产生过激行为。气温过低时，人会萎靡不振。当室温降到10℃以下时感到沉闷、情绪低落。气温低于4℃严重影响思维效率。因此，在消费者的购物环境中，对温度的控制也是有技巧的。

以商场为例，温度控制在25℃时人体感觉最舒适，太热，消费者会不愿意停留，太冷，消费者也不会过多停留，甚至会抱怨，以致麻痹本来很旺盛的购物欲。例如，一家女装商场曾经做过测试：在春夏装上柜的时候，把该商场里空调的温度调高了几度，专柜的春夏装一下子就好卖了，有的专柜销售额增幅甚至达到一倍，而一旦把温度调低，春夏装就明显不好卖了。而且连续试过几次，每次效果都很明显。

不过，不同的商品门类对温度的要求有时亦不一样，比如穿昂贵的商务装，消费者想要“冷一点”；卖运动装的商场则想“热一点”，这样泳装、透气的T恤等应季商品就会卖得快一点。另外，对于专卖店来来说，最合适的温度是22℃，这个温度最容易成交生意。

总而言之，消费环境对销售起着非常重要的作用。仅仅为消费者提供质量优秀与价格合适的产品是远远不够的，如果没有提供相对应价值的环境与氛围，销售也是很难开展的。在营销活动中，创造让消费者感觉温馨、舒适的环境，会增加消费者的归属感，从而使其放松警惕，更容易和销售人员打成一片，说出自己的真实想法和需要，并使彼此真诚以对，利于交易的顺利达成。

商品陈列的美感能撩起购买欲望

商品的陈列关系到消费者的购买欲望，有一句法国经商谚语——“即使是水果蔬菜，也要像一幅静物写生画那样艺术地排列。因为商品的美感能撩起顾客的购买欲望。”——讲的就是商品陈列的艺术。所以，销售人员在摆放商品时也要考虑到消费者的心理需求。

那么，在具体的操作中，商品陈列要注意那些问题呢？

方便消费者挑选

当消费者面对各式各样的商品，挑选自己喜欢的商品时，都会感到兴奋。不过要怎么做才能让消费者产生这种心理呢？基本上来说，最重要的就是陈列方式要方便消费者挑选。举个例子来说，消费者挑选手表时，除了品牌之外，也会以功能（比如表面清楚易读等）作为选择条件。也就是说，分类的方式不能单是采用卖方容易管理的方法，而要顺应消费者挑选商品的习惯。如果可以按照消费者挑选的办法使用的类别来陈列，就十分方便消费者了。

让消费者看到实物

看不见内容物的商品，无法引起消费者兴趣。“自己非常了解商品，就以为消费者应该也很了解”，这种先入为主的观念，会导致销售人员摆出说明不清楚、难以让消费者理解的商品陈列方式，而且这种情况经常发生。举例来说，小型家电的包装上常常加注“附定时器”或是“附延长线”等的标示，作为商品的卖点。但是，好不容易附加的特色，假如因为放在包装内部而几乎看不见，就无法让消费者知道了，所以“附”的部分必须让消费者清楚看见才行。若是商品因为某些理由不能做成透明包装，就要采用陈列样品的方式，特别露出附加的部分，或是设计成让消费者摸得到实品的包装。还有，在促销商品时，有时也会附送赠品，这也应该让消费者看到赠品的实物。

陈列试用品

促销效果最好的工具，就是提供试用。所以，即便是制造商，也必须积极在店面货架上，设计自家商品的试用方式。例如，食品类的试吃；酒类的试喝；衣着配饰类的试穿试戴；健康仪器或高科技产品的试用；自行车等车类的试乘；房子也可以试住……

当然，发送试用品也是其中一个方法，但如果碰到无法制作试用品的商品该怎么办呢？包装好的商品无法用手拿取，所以样品陈列也是能让消费者拿在手上试用的方法之一。陈列试用品，比什么介绍都有效。

“乱堆乱放”

不要认为乱糟糟的商品，消费者就不会有购买欲。其实，有很多人在购物的时候，就喜欢在众多商品中挑拣自己认为物美价廉的物品。所以，如果你将一些衣物或者食物整堆地陈列时，不仅不会出现无人问津的现象，反而会出现成群购买的现象。这是因为：消费者在挑拣东西的时候，可以满足其“淘”的欲望。运用这种整堆的不规则的陈列方法，既可以节省陈列时间，也可以产生特价优惠的效果。

善于利用等待时间

有些店铺在销售商品时会让消费者等待。消费者等待的这段时间千万别浪费，可以利用一些巧妙的方法善加应用。以汽车用品店贩卖轮胎来说，更换新旧轮胎时一定会让消费者等待一段时间。这时如果单单只是让消费者看电视或报纸打发时间，是好做法吗？应该不是吧。这段时间就是让特地到店里来的消费者，看一看轮胎以外商品的绝佳机会。举例来说，在消费者等待的地点，在其目光所及的地方，设置汽车卫星定位系统的试用区，想必可以引起不少消费者对这项商品的兴趣。

定期地更换

另外，还要注意的是，对于商品陈列来说，不管开始陈列得多好，如果时间太久了，消费者也会逐渐失去对它的感觉，产生一成不变的印象。所以商品陈列应该定期地更换(包括换商品、同样的商品更换地方等)，以保持消费者的新鲜感和兴趣。

例如，日本日伊高级百货商店，经过认真细致的市场调查后发现，到这个百货商店来的80%是女性消费者，男性消费者多半是随着女性消费者来的。而这些女性消费者中，白天来的大部分是家庭主妇，而下午五点半以后来的大多数则是刚下班的年轻白领。针对这一情况，他们决定陈列商品要区别对待这两种女性消费者，改变了原来商品陈列一成不变的方法，根据不同的时间更换不同的商品，以便迎合这两种女性消费者的不同需求。白天，这个商店摆上家庭主妇关注的衣料、内衣、厨房用品、首饰等实用商品，一到五点半，就换上充满青年气息的商品，光是袜子就有十几种颜色，摆出年轻人喜欢的大胆款式的内衣、迷你裙等等。下午五点半以后，凡是年轻小姐需要的商品应有尽有，而儿童用品等统统收起来。这一经营方式收效很大，三年多的时间，日伊高级百货商店的分店便遍布全日本，达102家。

可见，根据时间差异进行不同的商品陈列，也会收到意想不到的效果。

事实上，商品陈列只有原则，没有标准。不同的商圈，不同的商品结构，甚至不同的经营目标，会产生不同的陈列模式。但只要是以服务于消费需求为原则来进行的商品陈列，就可以激发消费者的购买欲，增加销售量。

总而言之，商品陈列的目的就是用一切手段，勾起消费者的兴趣。聪明的销售人员要学会通过商品的陈列让消费者去发挥自己的想象，让他们想象买到这种商品后会发生的种种可能，比如亲人的一个吻、朋友的赞赏或者是给以后的生活带来的变化等。当消费者被这种气氛所打动的时候，就会对你的商品产生浓厚的兴趣，这就是商品陈列营造特有气氛能够达到目的的奥秘所在。

求新心理：新异刺激就是最高吸引力

求新，也是人的一种基本欲望，即在自己的周围环境中寻求新异刺激，以满足自己的好奇心。这种心理动机表现在消费上，即购买物品注重“时髦”和“奇特”，好赶“潮流”。从这个意义上来说，这也是一种从众式的购买动机。

任谁也不能完全超脱于“流行”

现在人们购物不仅考虑经济因素，还要考虑很多社会方面的因素。社会生活的多样化，直接影响了人们的消费观念。尤其是那些带有时尚特色的心理追求，一旦被社会承认，就会形成一种消费倾向的流行。

从心理学角度来说，流行性消费，与消费者的心理需求是分不开的。因为流行的出现并不具有社会强制力，它与风俗不同，违反风俗常常要受到社会的反对，但不追求流行并不会遭到舆论的谴责。因此人们是否追求流行完全取决于自己是否有这方面的心理需要。

一般来说，流行性消费心理包括：

好奇心：人有一种基本欲望，即在自己的周围环境中寻求新异刺激，以满足自己的好奇心。而流行之所以能够存在，正是其本身具有新奇性的缘故。

从众心理：被人视为怪异、孤僻，对大多数人来说都是不能容忍的。于是，人们就努力地去适应周围的环境，以保持心理上的平衡。而与社会上的绝大部分人保持一致（服装、发式、言语等），似乎是一种最为简便而又可靠的方法。

模仿心理：模仿是再现他人一定的外部特征和行为方式、姿态和动作等，而这些特征、行为方式、姿态等又具有一定的合理倾向，至少对追求流行的人而言，这些是合理的。

防御心理：有些人感到自己社会地位不高，承受着种种束缚，从而迫切希望改变现状，以避免心理上的压抑与伤害，而他们认为追求某种流行恰恰可以实现他们自我防御和自我显示的目的。

而这些心理又恰恰是较为普遍的社会心理，从这个意义上来说，我们谁也不能完全超脱于“流行”。

因此，销售人员大可利用消费者的这种对新奇刺激的渴望和对流行追求的趋同心理，来实现自己的销售目的。

例如，一位日本销售员在销售缝纫机时，当消费者表露出不太想买时，他会说：“哦，当然，现在物价上涨，谁买东西都要计划一下的。一台缝纫机几百元，再怎么样也不能随随便便就决定。”然后他假装无意地说：“忘记是哪个机构了——好像是轻工协会吧，曾经做过一项统计，结果表明85%的家庭都有缝纫机，这倒是挺惊人的。”

“85%”这个数字，无形之中使消费者产生了“哇！那我家就包括在剩余的15%里头了！”的想法，从而产生一种不安感，生怕自己错过什么，而产生了购买的愿望。

总之，只要掌握了流行性消费的这些心理规律，就可以让商家及销售人员更好地对产品市场、消费者行为做出分析。并以此为依据，推出并售出更符合消费者市场的流行产品，从而获得更大的利润和市场发展空间。

好奇心是引导消费的最佳途径之一

好奇心，其实人刚出生时就有。婴儿从母亲的子宫出来后，来到充满光明的世界上，周围都是没见过的东西。为了理解周围的一切，他会拼命地向四周寻视。长大些后，他们开始不满足于只用眼睛看，还要用手去模各种东西，甚至不管抓到什么都往嘴里塞。孩子的这种行为叫作“探索行动”，可以促使孩子智力发展。其原动力就是好奇心。

人性就是如此，对我们来说，“为什么会这样？”“到底是怎么回事？”之类的问题得不到解决，我们就会感到不安。解决了这些问题，则会使我们获得一种安定的情绪。

可以说，好奇心就是所有人类行为动机中最有力的一种。吊起消费者的胃口就是引导消费者进行有效消费的最佳途径之一。在你满足了消费者好奇心的同时，他们也就会自觉地接受你的意见。

通常，销售人员唤起消费者好奇心的具体办法有以下几种：

提问

人们有一种思维习惯，就是会对问题不自觉地产生关注。比如，一位销售员对消费者说：“您知道世界上最懒的东西是什么吗？”这种说话方式，很难不引起消费者的好奇。于是，消费者能更有兴趣地听销售员继续往下讲，而不容易拒绝他。不过，无论是提出什么问题来引起消费者的好奇心理，都应该与推销活动有关，否则无法进入面谈。

隐藏

如果你所拜访的消费者已经掌握了他想要了解的所有信息，他还有什么理由非得见你不可呢？因此，销售人员面对消费者的时候，也可以用这种方法，即不要把产品的所有信息都透露给消费者。当部分信息在消费者面前晃来晃去的时候，他们就有想要获得更多的信息的欲望。如果消费者开口询问，销售员就达到了主要目的。比如：“先生，我们的工程师前几天对您的系统进行了一系列测试，他认为其中存在着严重的问题。”如果有人告诉你将要面临严重的问题，你会不会感到好奇？当然会！你一定想知道更多有关情况。一旦消费者的注意力集中到你的身上，你就可以继续通过询问有关问题来逐步引导销售程序的展开了。

出新

对于新东西，人们都想一睹为快。销售员提供新奇的东西可以激发消费者的好奇心。更重要的是，人们不想被排除在外，所以销售员可以利用这一点来吸引消费者的好奇心。比如：“先生，我们将要推出两款新产品帮助需要者从事电子商务。它们对你很有用，您愿意看看吗？”只要你成功引起了消费者的注意、吊起消费者的胃口，就一定可以以此来打开销路、销售产品。

不过，利用消费者的好奇心进行销售，有时候也会被消费者认为是在耍花招，所以销售人员设置的“悬念”不应该太脱离实际，而且答案也要和消费者的自身利益相关，因为你的答案如果只让消费者觉得你一个人受益而他却无利可图时，就会觉得受到了你的欺骗。没有消费者喜欢被玩弄的感觉，所以，利用好奇心销售要把握火候，不宜太过火。

假借名人效应，商品由滞转俏

美国一出版商有一批滞销书久久不能脱手，他忽然想出了一个主意：给总统送去一本书，并三番五次去征求意见。忙于政务的总统不愿与他多纠缠，便回了一句："这本书不错。"出版商便借总统之名大做广告，"现有总统善爱的书出售"，于是书被一抢而空。

不久，这个出版商又有书卖不出去，又送一本给总统，总统上过一回当，想奚落他，就说："这书糟透了。"出版商闻之，脑子一转，又做了广告："现有总统讨厌的书出售。"不少人出于好奇争相抢购，书又售尽。

第三次，出版商将书送给总统，总统接受了前两次的教训，便不做任何答复，出版商却大做广告："现有令总统难以下结论的书，欲购从速。"居然又被一抢而空，出版商却因善借总统之名大发其财。

尽管这是个笑话，但是我们却可以从中得出这样一个结论——滞销的商品通过销售人员的精心策则，假借名人效应，还是可以由滞转俏的。

这是因为人们总是有这样的心理：名人生活的环境是非凡的地方，与名人有联系的必定是不一般的，基于这种心理，人们纷纷追逐、效仿名人。尤其当这个名人在别人心目中有较好的形象时，他就会被一种积极的光环所笼罩，从而被赋予其他良好的品质。就好比当我们看到一个人长得很漂亮的时候，也会觉得她很聪明、很善良等。由于销售人员所选取的名人一般具有积极的形象，所以人们会把对名人的积极印象扩大到产品中，进而对产品也会持有积极的印象。

这其实也就是心理学上著名的"光环效应"。罩在名人的光环之下的商品，必然会让消费者产生非常大的好奇心，产生非常大的信赖感，从而促使他们立刻行动。

在具体的销售行为中，最常见的就是打出名人的旗号。例如，在淘宝网上的服装店里我们经常会看到对于服装这样的描述——某某同款羽绒服，某某明星最爱的凉鞋。也许这些服装店主就是卖一个样子，一个与明星同样的款式，但是，就是因为有了这样的明星效应，很多服装成为了爆款。

此外还有诸如：在书店里请名作家与消费者见面，并对所购书籍签名留念，一般促销都非常好；在商场中请名演员献艺，自然能吸引大量消费者，生意也自然兴旺；还可以在商品及包装上请名人写字作画，如20世纪60年代我国生产的一种搪瓷脸盆上曾印有齐白石画的虾，虾在盛有清水的脸盆水波中看上去是在缓缓游动，这种洗脸盆特别畅销；另外，有关领导到商场了解、蹲点、站柜台时，也可吸引大批群众进店；还可以请名人在商品上签字，如布娃娃在美国原售价每个20美元，但有“椰莱娃娃”原设计者亲手签名的布娃娃售价曾高达3000美元，这种椰莱娃娃在美国还曾一时供不应求；等等方法。

不过，借名人的光环来装点自己的门面，固然是一种很好的销售手段，但也要避免弄巧成拙。借名人的光环，难就难在找准“借”的对象，找对了，可以轻而易举地扩大产品的销量，可以让滞销的商品重新焕发生机。万一找错了，借来了消费者深恶痛绝的，说不定不但没有“还魂”的机会，还会给自己留下个“坑蒙拐骗”的骂名。例如，意大利某公司追求所谓标新立异，以至于走火入魔，有一次用一个声名狼藉的死囚的形象，令人咋舌。因此，选聘的名人要求德艺双馨，有良好的口碑；如果有偷税逃税、打架斗殴、生活腐化等不良品行，必须弃用。

另外，你所借助的名人，身份要与广告内容相适应。很多商铺在利用名人做广告时，常把一些名人的照片、签名贴在商铺墙壁上，以为只要是名人就可以了。其实不然，在选择名人的时候最好选择和自己的商铺和商品有关联的，比如说要想提高运动鞋的品牌知名度，那么最好选择运动员明星，而不是选择其他的明星。

求名心理：论符号消费的重要性

衣食住行选用名牌，不仅提高了生活质量，更是一个人社会地位的体现。尤其是在现代社会中，消费者求名的心理动机，主要是以选用名牌产品，来达到显示自己的地位和威望的目的。

消费者对于身份需求的心理倾向

消费者的购买行为，有时候也可以作为一项身份活动而存在。尤其是在一个产品丰富得无法想象的时代、一个产品差异越来越小的时代，消费者希望通过选择某种产品，来向别人宣告：我是谁、我的喜好、我的品位、我的价值主张、我的身份等等。

对于这样的消费者来说，只有将产品与他们的价值主张和身份属性划上等号，他们才会获得身份认同感、归宿感和安全感，才会比较容易接受销售人员的意见。这也就是“身份”在销售活动中的奇妙力量。

比如，汽车销售员在为消费者推荐一款豪华轿车时，可以引导消费者从不同的角度观看车的款式，让他看到汽车造型是多么气派；请消费者坐在车上，感受车子的宽敞、舒适及豪华；还可以拿出几位商场知名人士签下的订购合约，给他过目……这是因为计划购买豪车的消费者，一般都是具有高收入的人，他们自己并不亲自开车，往往备有专职的私人司机；他们本人对车子并不是很了解，需求的重点只有两个字——“气派”。因此，销售员即使只针对“气派”这个诉求进行说服，也可能会很快与消费者成交。

当然，消费者对于身份的需求可能会因为社会地位、职业特点而有所不同。同样是汽车，如果是销售价位不高的普通家用型轿车，“气派”诉求就可能不会成功了。这时，销售人员除了要把重点放在经济和实用的特征上面外，也要根据消费者的个人特点，突出自己产品的某种特色以适应其身份，从而打动消费者。

需要特别指出的是，对于大多数年轻消费者来说，对于身份需求的心理倾向，则往往表现为喜欢购买比较另类、大多数人不曾购买的东西。

一位年轻的女士准备给自己选购一款风衣。她在服装店里边走边看，终于在一件设计比较时尚、个性的风衣面前停下了脚步。销售人员见状就走上前对她说：“小姐，喜欢的话可以试穿一下，我看您的身材比较高挑，这件衣服一定可以显出您优美的身材。”

女士试了试，脸上露出了满意的笑容，并询问销售人员衣服的价格。销售人员回答说：“1080元，而且因为店庆的原因，如果您现在购买的话还可以给您打九五折，我看这件衣服特别适合您，建议您购买一件吧！”

年轻的女士很爽快地回答说：“好的，这件衣服我要了！”销售人员见生意谈成，心情也是非常高兴，她边包衣服边恭维地说：“小姐您真是太有眼力了，很多人都喜欢这种款式的。”“哦？是吗？”那位小姐听了这话以后，沉默了一会儿，然后微笑着对销售人员说，“不好意思，我想我还是不要了吧！”

这里，让销售人员到手的生意瞬间告吹的根本原因，就是没有抓住年轻消费者对于身份需求的这种心理倾向。因为大多数的年轻消费者都有着自己另类的信念和品位，他们在消费过程中，往往喜欢标新立异，喜欢让自己变得更加独特，在众人之中脱颖而出。事实上，对于任何一个需要用产品来证明身份的消费者来说，他们或许都根本不会注意所推销产品本身的质量及特性，因为他们更关心的问题是谁在用它。很明显，这个案例中的女士就属于这样的消费者，和其他人穿着一模一样的服装，一定是她最为不能容忍的，销售人员最后的那句恭维话怎么不能使生意泡汤呢?

因此，销售人员在推销过程当中，一定要善于从消费者的言谈举止中发现其心理倾向，然后再针对其心理态势寻找突破口，了解什么对这个消费者具有最大的吸引力、什么是那个消费者最为需要的。只有了解了这些，并满足他们迫切需要的利益，销售才能取得成功。

消费行为中不容忽视的攀比心

互相攀比是人们常有的一种心态，比如同学之间攀比成绩，企业之间攀比效益，不过最常见的还是在消费行为中：中国品牌战略协会的一份研究报告就显示，中国的奢侈品消费人群靠自己的实力和财富来消费的只占4成左右，其余6成的人群是靠家庭的财富在消费，这部分人主要是30~35岁的年轻人，极大多数是攀比和炫耀的心态在作祟。LV的背包、Cartier的手表、Dior的香水、Dunhill的套装，这些都是动轨成千上万元的高价奢侈品，在中国却可以找到大量30岁上下的年轻消费者，由此可见攀比的心态对商品消费的作用力。

有着攀比心理的消费者，多属于冲动型消费者。他们往往有一种争强好胜的心理，购买的商品往往不是自己急切需要或符合实际需求的，只是当别人拥有某件东西的时候，自己也想要拥有、否则心里就会非常不舒服，直到拥有了这件东西，那种心理不适感才会消失。

我们暂且不去评论攀比消费的是非对错，单就销售角度而言，销售人员若能运用好消费者的这种心理，就能刺激其购买的欲望，从而达到自己的销售目的。

强调产品运用的普遍性

当一项服务、产品或身份开始慢慢被普遍获得，并且开始逐级形成一种趋势时，消费者就会觉得：别人都有了，我也得去搞一个，要不然我就落后于别人了。所以在销售中，要尽量地通过描述，让消费者意识到，拥有这样一个产品已经成为很普遍的一件事。只要让他感到好像除了自己以外每个人都拥有了似的，就会成功地促使消费者产生一种攀比心理，并拥有强烈的购买欲望。

一位父亲想给年轻的儿子买辆赛车，他们来到一家车行。儿子想要一辆黑色的赛车，但已脱销，推销员劝他买别的颜色，但是那位年轻人固执己见，非要一辆黑色的不可。这时，经理过来说："您看看大街上跑的车，几乎全是红色的。"

一句话，使这位青年改变了主意，欣然买下一辆红色的赛车。

这个经理正是利用了青年人喜欢攀比的心态，成功地说服他改变主意，放弃了购买黑色赛车的想法，转而购买别人都在开的红色赛车。

多拿同类消费者做比较

相对于一般不相关的人来说，与同类人做比较，更容易激发起消费者的攀比心。所以消费者在面对某个产品时，如果被告知同类人都拥有，即使这件东西并不是他的初衷，他也会购买，因为自己喜不喜欢、东西有没有用并不重要，重要的是如果没有，他就会觉得低人一等。

在具体的销售中，为了更好地实施这一方法，销售人员可以将用户资料归类，并装订成小册子，最好是按行业整理成册。这样到消费者那里谈判时，有时只需要将这个用户资料的小册子给用户看，并送上一句话："先生，您看，您与他们一样，都有一双明亮的眼睛和一个智慧的头脑，他们这样选择了，我想您也一定不甘落后吧？"只要消费者细心并认真地翻看你递给他的小册子，就一定会受到强烈的攀比心的刺激，并有所心动，接下来，便是如何洽谈签单的过程了。

总而言之，不管销售人员采用什么样的方式，都要以激发消费者的攀比心理、产生购买欲为最终目标。有了比较的对象，消费者的消费就会带有一定的盲目性；消费者的攀比心理被激发，那么销售人员的工作也就好做了。

消费者更愿意为"面子"买单

俗话说："树活一张皮，人活一张脸。"面子在丰富的中文语汇里是一个古老的概念。在中国社会中，它代表着体面、人格，甚至尊严。中国人爱面子的特点世界闻名，记得林语堂先生说过一句很有意思的话："在中国，脸面比任何其他世俗的财产都宝贵。它比命运和恩惠还有力量，比宪法更受人尊敬。"面子的重要性可见一斑。

这一心理在消费行为中体现得尤为突出，例如有人会把钱花于装璜上，有人把钱花在打扮上，有人会把钱花在保养、减肥上等等。虽然在不同的人身上可能有不同的表现，但不论是哪一种方式，只要效果不错，人们都会觉得钱花得很值！

因此，大多数情况下，只要销售人员在面子上给予了消费者满足，他们花多少钱也都乐与愿为。

从销售技巧上来说，销售人员需要掌握一些方法：

适度恭维

很多时候，“面子”消费是为了解除自卑感。其实，每一个人都有其特别自卑的地方。战胜自卑是人们消费的一个重要心理。因此，销售人员在意识到这一点后就应当给足消费者面子，利用一切可以利用的机会展开恭维，既能让消费者的自尊心得到满足，也能让他风风光光地把东西买走。

A经常去一家商务会馆消费，于是，会馆的经理向A推荐了VIP会员卡的项目。A考虑了一下，觉得比较划算，就马上办理了一张会员卡。

一次，A请几个顾客在那家会馆吃饭，吃完后A去前台结账，她出示了自己的会员卡，服务员接过去一看，是老板签字的会员卡，立刻满面笑容，不仅酒水按七折算，海鲜也打了八折，这让她省了不少钱，而且后来经理还亲自送来一盘水果布丁，说是算自己请客，希望他们下次光临。这让A觉得自己在顾客面前很有面子，自然也就成了这家会馆的常客了。

当然，对消费者进行恭维时，既可以是实际的行动，也可以只是口头的赞美。比如，女孩子都爱“臭美”，所以对于女性消费者多赞扬她的脸蛋、身材、衣服之类的东西。比如：“您真可爱！”“这条裙子真漂亮，在哪儿买的？”“你身材多好啊，我要是像您这样就好了！”等等；对于男性消费者则应该多赞美他们的事业、才华、义气之类的东西。比如：“您真是年轻有为！”“真够朋友！”“眼光不错啊，一看就看中我们的镇店之宝了！”等等，这会让他们觉得更有面子。

但是赞美别人时也要适度，若是太多，就容易让消费者产生不真实感，就会使消费者对你的人格有所怀疑，从而对你产生戒备心理，赞美就会变得适得其反。因此赞美时要把握分寸，这样才能让消费者满心欢喜。

不要争论

潘恩人寿保险公司有一项铁律："不要争论。"本杰明·富兰克林也说："如果你老是抬杠、反驳，也许偶尔能获胜；但那是空洞的胜利，因为你永远得不到对方的好感。"因此，作为销售人员，必须要清醒地认识到与消费者争辩，失败的永远是销售人员。一句销售行话是："占争论的便宜越多，吃销售的亏越大。"要知道，消费者丢了面子，一定不会再向你买东西了。一位消费者就曾经这样说过："不要和我争辩，即使我错了，我也不需要一个自作聪明的推销人员来告诉我（或试着证明）；他或许是辩赢了，但是他却失掉了这笔交易。"

因此，在面对消费者的责难或者不信任时，最好的办法就是顺从消费者的意思，用事实来证明给他们看。销售人员一定要回避与消费者的争辩，更不要试图与他们争辩，而是想方设法引导他们去说，支持他们去说，鼓励他们去说，让他们公开发表自己不同的意见，这样对双方都有一定的好处。因为只有这样，消费者才会感觉自己受到了重视，保住了面子，而你也知道了他心底真正的想法，这对销售的成功是极为有利的。

第二章 看清消费类型

——解读消费者言行举止中的心理秘密

产品分门别类，人也各种各样，不同的消费者当然也就有着不同的心理软肋。对于销售人员来说，读懂消费者言行举止中的心理秘密、认清各种类型消费者的心理特征，并采取与之相对应的销售策略，一定会让你事半而功倍。

言外有意："话里有话"是消费者的共性

消费者的某些话常常是"醉翁之意不在酒""话里有话"。如果销售人员能够从话语复杂的意思中领悟到消费者想要表达的真正意思，这样才会了解他们的内心，赢得他们的好感，使消费者不仅信赖你这个人，也会信赖你的商品。这是一个真正能把握消费者心理、寻找消费者需求的法宝。

洞悉消费者拒绝背后隐藏的真意

消费者说"不"是十分常见的事，事实上，从没有遭到拒绝的销售是极其罕见的，也是不可能的事。只不过，很多时候消费者并不是真正的在拒绝，而是背后有更深层的心理因素。销售人员只有洞悉了这些隐藏在"不"后面的真意，才能知道应该采取什么样的策略应对，也才有可能将交易进行下去。

"价格太贵"

"价格太贵"，是消费者拒绝销售人员时说的最多的一句话。但这多半是表面现象，而不是消费者内心真正的想法。因为贵与便宜，对消费者来讲，很多时候只是一个相对的概念。真正的问题在于销售人员没有把握好"需求认知"这一销售的关键环节，乃至完全忽视了消费者的真实想法是什么，遭到拒绝自然也很正常了。

例如，有位消费者想卖掉自己的大众车，换一辆更好的。车商给他推荐了一辆最新款的车，并且把车的性能说得绘声绘色。但是，消费者最后拒绝了，理由很简单，“太贵了”。然而不久之后，他却从另一个车商那里买了一辆更贵的车。这是怎么回事呢？原来，第一个车商推荐新车的时候，描述新车多么时尚气派，但是这不是消费者看重的地方，所以他没买，以价格太贵拒绝了。第二个车商推荐新车的时候，没有描绘新车的具体性能，而是问他是不是经常有故障，维修要占用多少时间，一年保养花费多少。这话一下子说到了消费者的心里，所以他就买了第二个车商的车。

这个事例给我们的启示就是，销售人员必须学会如何从解决消费者问题的角度来考虑产品陈述，而不只是做一个机械的产品代言人。换句话说，销售人员首先要考虑自己的产品能够解决消费者哪些问题，不管这些问题是否真实存在，这样才能把消费者的需求认知找准了，才能真正给消费者介绍好产品，完成交易。

“没有时间”

消费者可能真的很忙，但更可能是认为和你谈话浪费时间。因为当一个人面对自己认为重要的事情时，他总会有时间；而当一个人面对自己毫无兴趣或者不重要的事情时，“我没时间”就是最好的推脱和借口。

当消费者对你说“我没时间”时，你在第一时间就要做出判断，究竟是他真的没有时间，还是他有的是时间，只是对和你谈话不感兴趣。如果是前者，你要及时刹车，迅速投入到征服下一个消费者的努力上去；如果是后者，你需要改变策略，多增加一些吸引消费者的因素在推销沟通里面。但是，不管用什么策略，其中有一个重要的原则一定要牢记，那就是避免引起消费者的反感。

例如，当消费者说“我现在很忙，请你改天再来吧”时，销售人员可以这样说："我看您工作这么繁忙，打扰您还真是不好意思呢。这样吧！就五分钟，请您抽出五分钟听我说几句话，好不好？说完我立即就走。"真正忙碌的消费者，如果你事先和他约好"五分钟"，他也可能愿意抽出这五分钟时间听你说明。否则，"这个人不知道要跟我啰嗦多久"的心理，将会使得他犹豫不决。

或者，适时离开，这也是很好的做法。当消费者推辞的时候，宁可先说："打扰您真抱歉。我就改天再来拜访了。"而不要等消费者说："我说不要就是不要！"之后才离开。重要的是，你已经说过"改天再来"，这不仅告诉你自己，更告诉了对方：不久之后，你会再次登门拜访的。同时，千万要记住，离开时的态度要好，不要令对方感到厌恶。

"考虑考虑"

有时候，消费者明明有现实需求，但是他们往往会说"我要考虑考虑""我不会就这样下决定""让我想一想"等诸如此类的话。

如果销售人员真的相信消费者考虑好了之后会主动和你完成交易，那等来的多半是交易的泡汤，或者是漫长的等待。

事实上，消费者说"考虑考虑"多半是一种委婉的拒绝，是一种借口。但这并不代表没有希望，相反应该成为销售人员的一个突破口，一个成交的契机。如果你懂得察言观色，从消费者的面部表情和眼神中听出所谓的"考虑考虑"的真实意思，并加以解决，就有推销成功的可能。

如果消费者很感兴趣，但又担心买了会后悔，你就一定要学会"趁热打铁"，引导对方下定决心购买你的东西。例如，当消费者说出："嗯，这份计划看来相当不错，我考虑考虑看吧。"时，销售人员可以说："实在对不起""有什么对不起呀？""请原谅我不大会讲话，一定是我的介绍使您有不明了的地方，不然您就不至于说'让我再考虑考虑了'。可不可以把您所顾虑的事情跟我说一说，让我知道一下好吗？”这样，既显得认真、诚恳，又可以把话头接下去。

但是，如果你通过和消费者交谈，了解到对方对你的产品确实很感兴趣，但又确实腰包里没有钱，当对方说“我考虑考虑”时，你就别再强求对方了；或者，如果消费者对你的产品根本不感兴趣，为了给你面子，用了“我考虑考虑”来委婉拒绝你。你可以和他们保持联系，不强求一时的交易，而应该做长期的朋友。也许有一天，他们就会购买你的东西了。

“我再转转”

还有一类消费者，在销售人员详细介绍完产品后，表示很认同，但是却说：“我想到别家再看看。”

这时，销售人员千万不能气馁，要想办法揣摩消费者说这句话的心理根源：是因为价格因素，还是因为质量问题，抑或是因为服务态度问题？只有在弄清楚这一点后才能“对症下药”，扭转这种不利销售、容易让交易“夭折”的局面。

某消费者想买一台笔记本电脑，他把这个想法跟一个笔记本电脑的销售人员说了。销售人员把自己所推销的笔记本电脑推荐给了他，同时仔细地把所销售的笔记本电脑的相关情况给他介绍了一通。听了介绍后，消费者说想到其他的地方再看看。

这个销售人员想知道他去别处看看的理由是什么，于是他问道：“您知道吗，先生，跟您一模一样，很多顾客在购买我们的笔记本电脑之前，都想再到别的商家看看。我肯定您也一样想以手头现有的钱买到最好的笔记本电脑，以及最好的售后服务，对吗？”

消费者回答：“不错，是这样的。”

销售人员说道：“您可不可以告诉我，您想看些什么或者比较些什么呢？”

消费者犹疑了一会儿，然后说道：“我想看看能否以同样的价格买到性价比更高的。”

知道了消费者想去别家看看的原因后，这名销售人员说道：“非常理解您的想法，正如您所说，谁不想以同样的钱买到性价比更高的产品，您的出发点毫无问题。关于性价比，我可以向您保证，我们所售的产品性价比是很高的。因此不怕您比，也不怕比，在您跟别的商家做完比较之后，发现我们的最好，我想您一定还会回来的，对吗，先生？”

如这个销售人员所料想，消费者带着比较的心理问过几家后，便又转了回来。最后在这个销售人员的推荐下，买了一台令自己满意的笔记本电脑。

“想到别家再看看”给销售人员传递一种交易不稳的信息，销售人员要查清致使交易不稳的具体因素是什么，然后针对这个或者几个具体因素，予以有效的解决办法，将其消灭。这样，没有了这些“致病因”，消费者犹疑的“心病”自然也就消失了。

当然，消费者拒绝话语中的“潜台词”远不止这些。我们在销售实践中，还可以不断地总结，不断应用，不断提升。总而言之，在与消费者的交往中，你一定要学会识别消费者的真正意图。无论面对什么样的消费者，一定要开动脑筋，发挥思辨精神，读懂他们的弦外之音。

消费者挑毛病正是他感兴趣的开始

“嫌货才是买货人”是一句台湾俚语，意思是说，消费者在对你的产品挑毛病的同时，也是他对此产品真正感兴趣的开始。

这反映的其实就是消费者的挑剔心理。事实上，在消费的过程中，没有哪一位消费者是故意去找茬的。那些有时候看似很不可理喻的挑剔，很多时候正是“醉翁之意不在酒”，他们只是为了获得更优惠的价格、更好的服务，或者是显示自己的尊贵地位，让销售人员重视自己。

因此，在销售过程中，销售人员不仅要带上自己的眼睛，还要带上自己的脑袋。要多观察，多思考，多总结。既不要轻意相信消费者的“不错！不错！”，也不要轻易放过消费者说的一无是处的批评之言。喝彩的只是看客，挑剔的才是买家。很多时候，消费者越是批评商品的缺点，就越是表明他的购买决心。

那么，作为推销人员，我们要怎样来应对这种挑剔呢？

微笑

其实，所有的销售，都可以说是在微笑中完成的。微笑是销售人员打开消费者心灵之门的钥匙，也是提升自己形象的手段，同时，也反应了销售人员的修养。尤其是在面对比较挑剔的消费者时，你的微笑，会让他们自己都不忍心再继续指责下去，而且，他们也会接受推销员开始提出的价格。

自信

你要对自己及自己的产品有信心。如果你不自信的话，肯定会在与消费者讨价还价中败下阵来。而且，你的自信也会让你更坚持自己的原则。面对消费者的讨价还价，不能无限制地降价，这样自己肯定会吃亏，只要是货真价实的商品，就应该坚持自己定出的价格。

识别

你要识别消费者的真正意图。因为嫌货的人，不见得全是买货的人，有时候，消费者还价也是为了拒绝。尤其是中国人，一般都不喜欢说“不”，也不喜欢得罪别人。为了拒绝你的热情推销，有时消费者会还一个非常低的价格，让你知难而退。这时候，你千万不要认为消费者还价了就有戏，有需求，一个劲地进行游说。这种情况下，再多的努力往往都是徒劳无功的。

口头禅中包含消费者的真实性情

“口头禅”，原指那些没得道的和尚，常把一些玄而又玄的禅语挂在嘴边，装做好像得道了的样子。演变至今，成了个人习惯用语的代名词，仿佛未经大脑就已脱口而出。正因为逃过了“意识警察”，我们才能看到口头语后面深藏的潜意识，所以有人称它为“心灵的莫尔斯电码”，它在很大程度上反映了我们内心的真实性情。因此，对销售人员来说，它们就是打开消费者心门的一把钥匙。

那么，消费者常见的口头语有哪些呢？它们分别代表了当事人怎样的心境呢？下面我们就进行归纳和总结。

“我个人的想法是”“是不是”“能不能”

这类消费者较和蔼亲切，能做到客观理智，冷静地思考，认真地分析，然后做出正确的判断和决定。面对谦逊的消费者，你也要表现出这种淡定，让对方感受到你的可亲可敬。

“确实如此”

这类消费者大多浅薄无知，自己却浑然不觉，还常常自以为是。这时候，你要表现出自己专业、博学的一面，展开销售攻势，在滔滔不绝地说服中拿下订单。

“绝对”

这类消费者武断的性格显而易见，他们不是太缺乏自知之明，就是自知之明太强烈了。面对这类消费者，你要让他们说出自己的条件、要求，而后再表明自己的立场。

“我早就知道了”

这类消费者有表现自己的强烈欲望，只能自己是主角，自己发挥。那么，你就甘当配角吧，只要能够实现合作，屈就一下自己又何妨。

“这个”“那个”“啊”

这类消费者说话办事都比较小心谨慎，一般情况下不会招惹是非，是个好好先生。在沟通中，跟这类消费者交谈一定要使用模糊的词语，并且不要逼他们表态。

“果然”

这类消费者多自以为是，强调个人主张，以自我为中心的倾向比较强烈。与这类消费者接触，要照顾到他们的感受，给他们应有的主动权和尊重。

“其实”

这类消费者自我表现欲望强烈，希望能引起别人的注意。你可以对这类消费者多几句赞美，让他们感受到你的热情。

“最后怎么样”

这类消费者大多是潜在欲望未能得到满足。你可以进一步问问消费者还有什么希望与要求，如果这次没有实现，那么可以在下次合作中完成，这样能把他们栓牢。

“我”

这类消费者喜欢寻找各种机会强调自己，以引起他人的注意。在沟通中，要给他们机会发表个人意见，并仔细倾听，让他们有被重视的感觉。

“真的”

这类消费者多缺乏自信，唯恐自己所言之事的可信度不高。对此，你要用眼神看着对方，听他们讲话，并且要不时地点头，表达出你信任的姿态。

“你应该”“你不能”“你必须”

这类消费者多专制、固执、骄横，但对自己却充满了自信，有强烈的领导欲望。你不妨让他们先发表高见，从而在倾听中掌握他们的诉求、底线。然后再采取进攻，达成合作。

“我要”“我想”“我不知道”

这类消费者思想比较单纯，爱意气用事，情绪不是特别稳定，有点让人捉摸不定。对此，你要学会引导、感染对方的情绪，营造有利于达成合作的氛围。

流行词汇

这类消费者热衷于随大流，喜欢浮夸，缺少个人主见和独立性。在销售中，你可以使用一些流行、前沿的概念，让他们感受到你见多识广、专业性的一面。

外来语言和外语

这类消费者虚荣心强，爱卖弄和夸耀自己。对于这类消费者，你可以用富有诱惑力的价格以及其他优惠条件，来吸引他们合作。

总而言之，如果销售人员可以在销售过程中多从口头语考察和了解消费者，就可以一定程度上帮助自己准确把握消费者的心性，做到知己知彼。

说话方式暴露消费者的心理特点

“说话”不仅仅是信息的交流，还会呈现出各种信息。因为一个人所讲的话，都是在表述自己对各种事物、情况、问题的看法，而在讲这些话时所表现出来的语言特点，不仅可以很好地反映出一个人的性格特征，同时也会折射出他当时的心理特点和心理变化。如果销售人员能掌握消费者说话方式中的玄机，那么做好销售工作就易如反掌了。

喜欢使用恭敬用语

这类消费者大多比较圆滑和世故，他们对他人有很好的洞察力，往往能够体会到他人的心情，然后投其所好。对此，销售人员要提防被这类消费者灌迷魂汤，从而丧失正确的判断。

喜欢使用礼貌用语

这类消费者大多有一定的学识和文化修养，能够给予他人足够的尊重和体谅，心胸比较开阔，有一定的包容力。与这类人打交道，你会感觉到无比轻松，并且能够从他们身上学到与人相处的智慧和技巧。

说话非常简洁

这类消费者性格豪爽、开朗、大方，行事相当干脆和果断，凡事说到做到，拿得起放得下，从来不犹犹豫豫，拖泥带水，非常有魄力，开拓精神可嘉，有敢为天下先的胆量。销售人员可以非常清楚地掌握他们的需求是什么，并从中学会做事的本领。

说话拖拖拉拉，废话连篇

这类消费者大多比较软弱，责任心不强，遇事易推脱逃避，胆子比较小，心胸也不够开阔，婆婆妈妈，整天在一些鸡毛蒜皮的小事上面纠缠不清。面对这类人，销售人员最忌讳的是和他们陷入无休止的辩论中。把话说到点子上，是与他们沟通时必须牢记的一点。

说话习惯用方言

这类消费者感情丰富而又特别重感情。跟他们打交道，可以使用感情这个筹码，播撒你的人情种子，终有一天会获得丰收。

善于劝慰他人

这类消费者才思敏捷，对人情世故有深刻而又正确的理解和认识。由于感情丰富，他们易于和他人产生共鸣，因此在交往中可以发展成知心朋友。

好为人师

这类消费者一般自我意识强烈，常常自以为是，目中无人，表现欲望强烈，希望自己能够引起他人的注意，喜欢卖弄。走进这类人的内心，最根本的一点是满足他们好为人师的心理，注意迎合他们。并且，你要善于在倾听中明白他们的需求。

肆意污蔑他人

这类消费者心胸狭窄，无法容忍别人比自己过得好，嫉妒心强，爱搬弄是非。在接触的过程中，你一定要善于掩盖自己的才干，展露自己普通的一面，从而避免引起对方的猜忌。

说话尖酸刻薄

这类消费者多不太尊重他人，也时常缺乏必要的礼貌，他们对人大多特别挑剔，似乎永远也没有满意的时候，时常会遭到周围人的厌恶，人际关系并不是很好，而他们自己却意识不到这一点。

肢体传信：非语言信息中暗藏的心理学

人类除了语言之外，还有一种非语言形式。对于销售人员来说，如果你可以读懂消费者非语言信息中暗藏的心理学，然后从消费者的心理需求出发，说他们喜欢的话，推销他们需要的产品，并为他们提供满意的服务，这样往往能将消费者引领到你所期望的方向，最终实现自己的销售目的。

消费者的眼睛中藏着真实想法

推销就是一种人与人之间的交流，两个人在交流的时候注视着对方的眼睛是对别人尊敬的表现，同时也能从对方的眼睛中读懂一些东西。

事实上，眼睛所传递的信息也是最有价值、最为准确的。销售人员在和消费者谈话的时候，观察消费者的眼睛，就能更好地了解他们的真实想法，从而把握消费者的心理，这样才能够有针对性地去应对各种状况，克服不利因素的影响，获得消费者的信任和喜欢，使销售顺利进行。

一般来说，在销售中，消费者的眼神有以下几种类型：

柔和友好型

这样的消费者是善良的、真诚的，对人很少有戒心。在面对销售人员时会眉眼含笑，嘴角也有笑意，表现出对人的热情和好感。这样的消费者是销售人员喜欢遇见的，即使生意不成，也会带着愉快的心情离开。

怀疑型

大多数人对待销售人员都是充满了怀疑，因此看销售人员的眼神也会充满不信任。消费者在购买商品时总是比较谨慎的，如果销售人员提供的信息没有足够的说服力就会引起消费者的怀疑。消费者的眉头就会微皱，眼睛的瞳孔变小，眼睛里透露出迟疑的神情。

好奇型

如果销售人员的商品有很多有趣的地方，这时消费者的眼睛瞳孔放大，眼皮抬高，盯着销售人员或者商品仔细地看，表现出很大的兴趣。有些商品有着奇特的功能，在制作工艺上很有技巧性，如果消费者之前没有见过这样的商品，就会为商品的奇特性所吸引，并表现出惊讶。他们的瞳孔会变大，嘴巴微微张开。如果销售人员能够有效地进行引导，就会促使消费者购买。

沉静型

这些人眼睛的瞳孔总是保持自然状态，眼皮不动，冷静地看着销售人员，这说明销售人员的商品或者话题对消费者来说不足为奇，无法引起消费者的兴趣。这样的消费者一般见多识广，很有主见，而且很沉着，不会被销售人员华丽的说辞所迷惑。对待这样的消费者，用真诚的服务和优秀的商品品质来打动他是最实际的。

眉语诉说出消费者心理的变化

古人将眉毛称为“七情之虹”，因为它可以表现出不同的情态。通过眉语人们不仅能够传达出很多意思，还可以彼此进行交流，比如我们经常说的“挤眉弄眼”“眉来眼去”“暗送秋波”等就是一种交流，一种暗示。而通过分析对方的眉毛所表达出来的情态，了解对方的意思，叫作“察眉”。在销售过程中，我们也可以通过“察眉”了解到消费者的心理变化，洞察消费者心中的真实情感。

扬眉

表示高兴的神态和心情。如“扬眉吐气”。具体状态是双眉扬起，略向外分开，眉间皮肤伸展，使眉间短而垂直的皱纹拉平，而整个前额的皮肤向上挤紧，造成水平方向的长条皱纹。如果销售人员的商品正合消费者的口味，使消费者有一种“踏破铁鞋无觅处”的欣喜，消费者就会眉开眼笑，眉毛就会扬起，表示欣喜和愉悦。而如果消费者是一条眉毛上扬，一条眉毛下降，这样的表情像一个“？”，表示心中有疑问，对销售人员介绍的商品心存怀疑或者还有不理解的地方。这就需要销售人员进一步证明或者加以解释。

皱眉

双眉皱起，脸部也跟着上扬，额头出现长长的水平皱纹，这样的表情表示不高兴、不耐烦，或者很为难。这说明消费者对销售人员说的话或者推销的商品很不满、不喜欢，而且不愿意再听销售人员啰唆，有很强的抗拒心理。

耸眉

眉毛上扬，停留一会儿又降下，同时伴有撇嘴的动作，这表示的是一种厌烦和不欢迎。有时也表示一种无奈。比如，消费者以前有过不愉快的经历，或者购买过不好的同类产品，如果你恰好又去推销，消费者就会产生抗拒心理，耸眉，露出不愉快的表情，并表示不愿意接受。这样的话，销售人员要保持冷静，对消费者的心理表示理解，用最有力的保证去说服他们。

闪眉

眉毛上扬，又立刻降下，像闪电一划而过，同时还伴着扬头和微笑的动作。眉毛闪动是惊喜的一种表现，表示眼前一亮，对对方的到来很欢迎。如果消费者有这样的表情，那么成交是很有希望的事情了。

此外，还有很多含义深刻的“眉语”，如眉开眼笑、眉飞色舞表示喜悦或得意的神态；双眉紧蹙表示忧愁不快乐；横眉表示愤怒，如横眉怒目；愁眉苦脸形容发愁苦恼，心事重重等。销售人员要善于通过消费者的眉语来了解其内心情感，并学会以眉语与其进行交流，使彼此通过各种无声的语言相互感染，有效地传达自己的意思，从而产生共鸣，使消费者接受自己。

消费者的笑容就是他的情感语言

我们都知道，不同的人笑的习惯不一样，即使是同一个人，在不同的场合和氛围之中笑的形式也是大有区别的。对于销售人员来说，消费者的笑容就是一种蕴含丰富的“语言”，可以传递出诸多的情感。如果你了解了各种笑容背后隐藏的真正含义，就可以从中解读出消费者的内心，把握他们传递出来的信息。

含笑

含笑是一种程度最浅的笑，具体表现是：不出声，不露齿，仅是面含笑意。含笑透漏出的意思是表示愿意接受对方，待人友善。一般的消费者为了表示礼貌，都会含笑对待销售人员，即使不喜欢销售人员的商品也不至于怒目而对。

微笑

微笑是一种比含笑的程度稍微深一些的笑。它的特点是面部已有明显变化：唇部向上移动，略呈弧形，但牙齿不会外露。微笑属于一种典型的自得其乐、充实满足、知心会意、表示友好的笑。在人际交往中，其适应范围最广。消费者对销售人员微笑，说明消费者是友好的，易于接近的，特别是一向严肃的消费者如果某一次终于对你报以微笑，那么成交的可能性就很大了，你要努力抓住这个好机会，促成交易。

轻笑

轻笑比微笑的程度更深。特征是面容进一步发生变化：嘴巴微微张开一些，上齿显露在外，不过仍然不发出声响。它表示出内心的欣喜、愉快，多用于会见亲友、向熟人打招呼，或是遇上喜庆之事的时候。轻笑的消费者表示他很愿意见到你，或者对你的商品很感兴趣，有愿意接受的心理。

浅笑

浅笑俗称抿嘴而笑，表现为笑时抿嘴，下唇大多被含于牙齿之中，多见于年轻女性表示害羞之时。在销售中，浅笑往往表示消费者说错了话，或者因为某些话题让人不好意思而显示出的一种害羞，这通常表明销售人员已经获得消费者的好感，被消费者所认同。

大笑

大笑是程度很深的一种笑，特征是面容变化十分明显：嘴巴大张，呈现为弧形；上齿和下齿都露在外，并且张开；口中发出“哈哈哈”的笑声，但肢体动作不多，多见于欣逢开心时刻，心情欢快，或是高兴万分。在销售中，大笑表示消费者很尽兴，或者内心充满极大的愉悦，这时销售人员适时地提出成交要求，则很可能会获得成功。

苦笑

苦笑一般出现在遇到比较为难又无法解决的问题的时候，表现了人内心的一种无奈和痛苦。在与销售人员的谈判中，如果销售人员给了消费者很多的压力或者条件很苛刻，消费者一时难以做出决定，就会表现出无奈的苦笑。这个时候，销售人员不宜再给消费者施压，否则很可能使交易走向失败，而应该真诚地为消费者提供解决的方案，帮助消费者寻找两全其美的方案，解除消费者的无奈和痛苦，才会得到消费者的感激和信任。

掩嘴笑

这种笑，往往出现在发现别人犯了不该犯的小错误，或者做出比较怪异的动作、说出不合常理的话，而偷偷发笑，这种笑并没有嘲讽的意思，而是充满了善意。在销售中，如果销售人员的讲解或者认识显得比较肤浅和幼稚时，可能就会引起消费者掩嘴而笑。这样的消费者往往知识比较渊博、思维灵敏、比较大度、富有涵养，在销售人员面前会表现出一种优越感和成就感。当发现消费者掩嘴偷笑时，销售人员不必感到尴尬，可以用幽默的方式进行自我解嘲，反而会让自己显得可爱，也会借此拉近彼此的距离。

皮笑肉不笑

这种笑是一种很轻蔑的笑，表示对他人不屑一顾，或者对他人的观点不认同，多出现在比较严肃的消费者身上。如果销售人员所推荐的商品或者所说的话无法赢得消费者的信任时，消费者就会报以不以为然的笑。面对消费者的这种笑，销售人员不必灰心和失望，而应该积极地寻找突破口，改变话题，引起消费者的兴趣，并用翔实而有力的证据说明自己商品的信誉度，进而使消费者相信并接受自己的观点。

消费者的手势藏不住说谎信息

有时候销售人员对消费者所说的话摸不着头脑，不知道消费者的话是真是假。但是有一点是要明确的，那就是消费者尽管说了谎，但是嘴上却说得好好的，让销售人员信以为真。但是不管消费者怎样说谎，消费者的手势却是不能隐藏这些说谎信息的。

遮住嘴巴

当消费者说谎话的时候，他们往往会不自觉地用自己的手遮住自己的嘴巴。遇到这种情况，你应该停止交谈并且询问消费者，“您有什么问题吗？”或者“我发现您不太赞同我的观点，让我们一起探讨一下吧”。这样就可以让消费者提出自己的异议，销售人员也有机会来解释自己的立场并且回答消费者的问题。

触摸鼻子

美国芝加哥嗅觉与味觉治疗与研究基金会的科学家们发现，当人们撒谎的时候，一种名为儿茶酚胺的化学物质就会被释放出来，从而引起鼻腔内部的细胞肿胀。科学家们还通过可以显示身体内部血液流量的特殊成像仪器，揭示出血压也会因为撒谎而上升。这项技术显示人们的鼻子在撒谎过程中会因为血液流量上升而增大，科学家们将这种现象命名为“皮诺基奥效应”。血压增强导致鼻子膨胀，从而引发鼻腔的神经末梢传送出刺痒的感觉，于是人们只能频繁地用手摩擦鼻子以舒缓发痒的症状。所以，与消费者交谈的时候，你要是发现消费者触摸自己的鼻子，那很有可能是他在撒谎。

揉擦眼睛

根据实验表明，大脑通过摩擦眼睛的手势企图阻止眼睛目睹欺骗、怀疑和令人不愉快的事情，或者是避免面对那个正在遭受欺骗的人。如果消费者表面上看起来对你的话很感兴趣，但是他们却时不时地用手揉擦自己的眼睛，那么也表明他们对你的谈话感兴趣也是在说谎。

抓挠耳朵

当你和消费者谈妥之后，你拿出订单，要消费者在上面签字，但是消费者却用手抓了抓自己的耳朵，这一个细微的动作表示的是消费者对你的产品不是真正感兴趣，即使他嘴上说你的产品如何如何的好。

抓挠脖子

消费者在与你交谈的过程中，时不时地用手指抓挠脖子，那是消费者疑惑和不确定的表现，等同于他在说“我不太确定是否认同你的意见”。当口头语言和这个手势不一致时，矛盾会格外明显。比如，消费者说“我非常喜欢贵公司的产品”，但同时他却在抓挠脖子，那么，你可以断定，实际上他并不喜欢。

拉拽衣领

德斯蒙德·莫里斯发现了一种现象，就是撒谎会使敏感的面部与颈部神经组织产生刺痒的感觉，于是人们不得不通过摩擦或者抓挠的动作消除这种不适。这种现象不仅能解释为什么人们在疑惑的时候会抓挠脖子，它还能解释为什么撒谎者在担心谎言被识破时，就会频频拉拽衣领。

这是因为撒谎者一旦感觉到听话人对他的话产生了怀疑，那么他们的血压就会增强，增强的血压会使其脖子不断冒汗，因此他们不得不去拉拽自己的衣服。只要消费者和你交谈时出现了这样的动作，那么可以肯定地说，消费者是在说谎。

手指放在嘴唇之间

大部分用手接触嘴唇的动作都与撒谎和欺骗有关，但是将手指放在嘴唇之间的手势却只是内心需要安全感的一种外在表现。所以，遇到做出这个手势的消费者，你不妨给予他承诺和保证，这将是非常积极的回应。

消费者为了尽快地把你打发走，他们就会频频点头认可你的产品，并且也对你的产品表示出很大的兴趣，但是他们会找借口说过几天给你答复。当时也许你会信以为真，但事后你又会后悔莫及，所以你必须识破消费者的这种谎言，最好的方法就是识别他们的手势动作。

走姿体现消费者性格

一个人走路的姿势则是体现其性格特征的重要方面。因此销售人员要想在短时间内摸透消费者的性格，洞悉消费者的心理，熟悉消费者的办事风格，就需要对消费者的行走方式留心观察，从中看出消费者的性格特征。这样，销售人员在销售中就会有针对性地去应对消费者，提高销售的效率。

昂首阔步型

消费者走路抬头挺胸、昂首阔步、铿锵有力，一副成竹在胸的样子。这样的消费者是非常自信的，聪明好学，知识丰富，主观意识比较强烈，做事情反应迅速、有条不紊、有很强的组织能力，一般在工作和事业上会比较成功。其缺点在于有时候太过自信，看不起别人，使自己被孤立，人际关系不是很好。面对这样的消费者，销售人员应该以同样的自信去应对，使自己的语言明确、条理清晰，对消费者提出的问题能够自如应答，这样才会赢得消费者的信赖。如果销售人员表现得吞吞吐吐、拖泥带水、啰啰唆唆，则会让消费者感到怀疑和厌烦，使交易失败。相信消费者说的话，自信的消费者不希望自己受到质疑。

慢条斯理型

这样的消费者走路总是缓慢的、小心谨慎的，而且也不喜欢东张西望，头往往是微低着。这是一种内向、害羞的表现，往往给人一种冷漠的感觉。其实他们的内心是热情的，而且非常渴望与人交往，是典型的“外冷内热”型的人。如果你主动去接近他，就会发现其实他们为人善良诚恳，修养很高，做事很谦虚，并且重情重义。面对这样的消费者只要销售人员能真诚相待，多给消费者一些理解和关怀，是很容易感动他们的。销售人员在与这样的消费者谈判时，切记不能急躁，应该顺着消费者的步调，太急反而给消费者带来压力，遭到消费者的拒绝。

步履匆匆型

有的消费者走路总是健步如飞，风风火火，不顾左右，这样的消费者是典型的行动主义者。他们往往会表现得精力充沛，办事雷厉风行，从不拖泥带水。这样的消费者办事讲求效率，对事情不推诿不搪塞，但是有时候难免因为急躁而显得草率，容易出现纰漏或者发生错误。销售人员在应对这样的消费者时，要多为消费者着想，在消费者容易出错的地方给其善意的提醒，为消费者做好售后服务，这样才能满足消费者的心理，得到消费者的认可。

横冲直撞型

有的消费者在走路时，不管是人多人少，都如进入无人之境，只顾自己横冲直撞而不考虑别人的感受，这样的消费者会让人感觉有些不近人情，因此也容易得罪人，把事情办砸。但是这样的人的可爱之处在于为人坦率真诚，性子直，不会耍心眼，又让人比较容易接近。和这样的消费者谈生意，销售人员一定不能弄虚作假，即使你有半点的虚伪也会让消费者无法接受。只要你诚心诚意地对他，得到他的信任，他甚至会把自己的朋友介绍给你，来照顾你的生意。但是如果你得罪了他，就会损失很多的消费者。

踱方步型

踱方步，这样走路的消费者往往比较庄重和严肃，对事情认真负责，做事情很理智，不会因为一时冲动而做出什么决定，务实和精明是这类消费者的特点。销售人员如果碰到这样的消费者，就要以认真的态度对待，尽量少和消费者开玩笑，以免因自己的不庄重而让消费者感到反感。在谈判时话题要力求务实，用实际效益来说服消费者，而不是发表空洞的长篇大论。

从消费者的坐姿了解其心理状态

正所谓“站有站相，坐有坐相”，一个人的坐姿也在一定程度上反映着一个人的个性和修养。在销售中，当销售人员与消费者进行谈判的时候，消费者的不同坐姿可以反映出他的态度和心理。销售人员要善于从消费者的坐姿中发现有价值的信息，为自己的销售提供指导，摸准消费者的内心，增加成交的可能，提高销售的效率。

骑跨在椅子上

骑跨在椅子上的人喜欢把腿放在椅子扶手上，这种人想借椅子获取支配与控制的地位，同时，也希望借椅背来保护自己，因为椅子的后背可以扮演盾牌的角色，它不仅能保护人的身体，还会让骑跨在椅子上的人产生挑衅与支配的欲望。习惯于骑跨椅子的人一般行为相当谨慎，他们能够在不引起他人注意的情况下，完成从正常坐姿向骑跨坐姿的转换。面对这种坐姿的消费者，你要想使消费者把腿放下来，有一个最简单的办法，让该消费者改变坐姿，那就是站在或者坐在他的身后，因为这样能够让他感到自己容易遭受攻击，从而不得不改变坐姿。

“弹弓式”坐姿

这种坐姿意味着冷酷、自信、无所不知，这种坐姿还伴随着把手放在后脑勺上的动作。有这种坐姿的消费者大多是男性，这种消费者通常用这种姿势给销售人员施压，或者故意营造出一种轻松自如的假象，以此麻痹销售人员的感官，让销售人员错误地产生安全感，从而在不知不觉中踏上他预先埋好的“地雷”。针对这种消费者，你要想“攻克”他们，你只需要跟他一起做出“弹弓式”姿势就能有效地应对他的挑衅，因为通过模仿他的动作，你们之间又重新形成了平等的地位。这样，消费者对你的态度也会有大的改观。

准备就绪的坐姿

这种坐姿一眼就能看出来，如果消费者在听完你的陈述后做出准备就绪的坐姿，而且交谈的气氛又相当融洽，那么这个时候你可以大胆地询问对方的想法。你多半能得到肯定的回答。你向目标消费者推销商品的时候，如果消费者在抚摸下巴的动作之后，紧接着做出准备就绪的坐姿，那么消费者给予肯定回答的几率会超过一半。相反，如果在销售人员给予购买意见之后，消费者先是抚摸下巴，继而双臂交叉的话，这笔生意很可能就谈不成。

起跑者的姿势

这种姿势传达出一种结束会谈的愿望。表达这种愿望的肢体语言包括身体前倾，双手分别放在两个膝盖上，或者身体前倾的同时两只手抓住椅子的侧面，就像在赛跑中等待起跑的运动员一样。如果你和消费者交谈的过程中，消费者做出了这样的动作，那么你最好重新引导他们对你所推销的产品产生兴趣，或者尝试转换话题的方向，或者干脆结束你们的会谈。

从吸烟动作解读消费者心理和性格

吸烟反映了一个人的内心需要，我们可以从他吸烟的动作和拿烟的习惯来解读他的心理和性格。

吸烟动作

消费者仰头向上吐烟，说明他是一个很有自信的人，常常给人一种居高临下的感觉；如果他向下吐烟，说明他的情绪非常消极，心里有很多疑虑。面对这些消费者，销售人员一定要不卑不亢，这样才能博得他们的好感。

消费者向下吐烟圈，那说明他正在思考一些事情。面对这些消费者，销售人员一定要有耐心，等待消费者的决定。在等待的过程中，你也可以猜测一下消费者的决定，然后想出相应的策略。

消费者吸烟的速度和他情绪的积极性相关，如果他吸烟的速度很慢，说明事情很棘手，他正在考虑怎样对付你。面对这些消费者，你要全盘思考，找出应对之计。

消费者吸烟时一直不断地磕烟灰，说明他心里非常不安和矛盾。面对这些消费者，你要设身处地地为他着想，找出他内心不安和矛盾的根源，然后替他解决，这样你就能成功地“俘虏”他。

消费者点燃了一支烟，可是没吸几口，就把烟掐灭了，这说明他想赶快结束谈话，或者说他心中已经有了主意。

拿烟习惯

“O”形拿烟法，即消费者用大拇指和食指的指尖拿烟，两根手指形成一个小圆圈，其他手指则非常优雅地伸展开来。这样的消费者往往说得比唱得好听，可是他心里正在为你设置一个陷阱，等着你跳下去。面对这类消费者，销售人员要多长一个心眼，不但要听他说的话，还要分析他讲话的内容，不然就会被他捉弄。

标枪式拿烟法，即把烟夹在拇指和食指的尖端，其他手指则缩向掌心，看起来好像是抽烟的人在投标枪。这样的消费者往往脾气暴躁，给人一种很凶狠的感觉。面对这类消费者，销售人员要善智善勇，积极地和消费者周旋，避免消费者的霸王条款。

握拳式拿烟法，这些消费者大多有过贫穷和饥饿的经历，所以他们形成了节约的习惯。即使他们取得了很大的成就，他们的内心仍有深深的自卑感。面对这些消费者，销售人员一定要小心谨慎，每说一句话、每做一个动作都要考虑他们的感受，以免触到他们的伤疤和痛处，让到手的生意飞了。

销售人员应该学会发现，善于观察，一个平常的吸烟动作，一个随意的拿烟姿势，就在无声地告诉你对方的性格和心理。观察到了这些情况，无疑对你的销售工作是非常有利的。

由表及里：抓住不同消费者的心理软肋

影响消费者购买行为的内在因素有很多，例如年龄、职业、个性等因素会在很大程度上影响着消费者的购买行为。但不管是哪种消费者类型，只要你主动迎合，了解需求，有的放矢地抓住消费者的不同心理软肋，制定相应的营销策略，就一定可以取得成功。

不同年龄段，消费差异鲜明

消费者的年龄对购买行为的影响是十分明显的，因为不同年龄层的消费者有不同的欲望、兴趣和爱好，所购买商品的种类和结构也就有了很大区别。

老年消费者

老年消费者包括老年人、寡妇、鳏夫等。他们共同的特征就是孤寂，一般没有朋友，在做购买决定时，他们比一般人都要谨慎，他们往往会征求朋友及家人的意见，来决定是否购买商品。

销售人员在对这类消费者进行商品说明时，言词必须清晰、确实，态度要诚恳、亲切，同时再表现出关心他们的孤独。商品说明结束后，还必须记住，绝不可以强施压力，或者强迫营销，你不妨多花点时间与他们交谈。总之，对老年消费者，你必须具有相当的耐心。

此外，销售人员向这类消费者推销商品时，最重要的也是最关键的问题在于，你必须让他们相信你的为人，这样一来，不但可以成交而且你们还能做朋友。

中年消费者

中年消费者大多既拥有家庭，也有安定的职业，他们希望拥有更好的生活，注重自己的未来，努力地想使自己更自由自在。他们希望家庭美满幸福，因此，他们极愿为家人奋斗。他们自有主张、决定的能力，因此，只要商品确实优良，他们便会很快买下来。

销售人员在应对这类消费者时，最有效的办法是表现出对其家人的关心之意，而对其本身则予以推崇和肯定，同时说明商品与其灿烂的未来有着密不可分的关系。这样一来，他们在高兴之余，生意自然成交了。

年轻夫妇消费者

年轻夫妇的思想乐观，想改变现状，对于这种消费者，你应该表现出自己的热诚，这样进行商品说明时，可刺激他们的购买欲望。

另外，销售人员在与这类消费者谈生意时，也可采用与老年消费者相同的方式方法交谈，一样可以博得他们的好感。例如，在交谈时，不妨谈一谈彼此的生活背景、未来、情感等问题，这种亲切的方式，非常有助于营销的成功。

总之，只要销售人员表现出诚心交往的态度，他们一般是不会拒绝的。

时尚青年消费者

像时尚青年这类消费者一般大多为未婚青年，他们紧跟时代，常常站在时代的浪尖上，购买他们特别喜欢的比较时髦的产品。因此，销售人员在营销过程中，必须阐述产品的前沿性、流行性，从而博得他们的喜好与青睐，也就达到营销目的了。

职业会影响消费者的购买偏好

消费者的职业，也会影响他们的消费结构以及购买产品的习惯。

专家型消费者

心胸宽大，想法富于积极性，可以并且有意当场突然决定购买，也很清楚交易的实际情况。如果称赞其事业很顺利，就能引起他的购买欲。除了积极且热诚地介绍商品之外，也应该经常满足他们自负的心理。

企业家型消费者

心胸开阔、思想积极，因此，通常当场就能决定购买与否，而且他对交易的实际情形也了如指掌。你不妨称赞他在事业上的成就，激起他的自负心理，然后，再热诚地为他介绍商品，就比较容易达成交易了。

经理人型消费者

这类消费者头脑精明，面对销售人员，态度有时会显得傲慢而拒人于千里之外，完全以当时的心情来决定对商品的分析及选择，不喜欢承受外来压力，只希望能按计划做自己分内的事。虽然他表现出一种自信而专业的态度，但只要你能谦虚地进行商品说明，多半还是能成交的。

公务员型消费者

这类消费者常常无法自己决断，当销售人员说明了商品的优点，也不随便相信。因为提防的心理强，所以若是不积极进攻，他就不会购买。最初稍微保守地介绍施加压力，然后慢慢地逼近，若不多花时间及热情，就不会成功，应该乘胜追击，一气呵成。

工程师型消费者

一般是比较理性的，很少用感情来支配自己，对任何事都想追根究底，头脑清晰，绝不可能冲动购买。因此，销售人员实在很难去引起他们的购买欲望。此时，你唯有衷心赤诚地介绍商品的优点，同时尊重他们的权利，才是有效的做法。

医师型消费者

他们是具有保守气质的知识分子，他们只有在明白了商品的价值之后才会买。因此，销售人员应该对他们展示自己的专业知识，而且，营销时必须注意保护他们的面子。

警官型消费者

疑心重，喜欢挑剔商品的说明。但是，若与销售人员有了些共同的地方，即变得亲密。若彼此关系亲密了，就变成销售人员的好消费者。应该设法激起其自尊心，必须倾听他们自夸的话，大大地表示敬意。

教授型消费者

保守，是典型的思索家，会慢慢地考虑事物。不会兴奋，极端谨慎。关于商品，会提出其他人都不会想到的问题。若能激起其自尊心，即能说服之。也不妨说些奉承他们才学博识之类的话，不妨采取有意向他们学习似的态度。

银行职员型消费者

保守且疑心重，会思索而不会凭一时的冲动做事。他们会以权力者的态度，多方分析、选择商品。喜欢有系统的事物，讨厌压力。对于这类型消费者，如果一面展示充满自信的专家似的态度，一面展开保守一点的介绍，即能围困他们。

普通职员型消费者

这一类型的消费者，他们希望自己及家人都能平平安安地过日子，而且不轻易地相信他人及浪费无谓的金钱。他们希望能存起每一块用他的汗水换来的金钱，只有了解了商品的真正好处，才会产生购买动机。

护士型消费者

对于自己的职业有自尊心，认为多赚钱的目的是为了追求更美好的生活。态度积极，对于任何商品都抱乐观的看法。销售人员只要抱着热情的态度介绍商品，他们就会买。而且必须对护士这个职业表示敬意，与其依赖逻辑不如诉求情感进行营销。

商业设计师型消费者

这一类型的消费者用与普通人不同的观点来注视商品的倾向。对于将来的看法，既乐观且悲观。在思考的过程中易动摇，以多少不透明的态度凝视社会。对于此种人，若强调商品所具有的优点即能说服之。在说明商品的效用时，应该施加踏实而强烈的压力。

教师型消费者

由于工作的关系，善于说话，思想保守，对于任何事情若不理解即不会投入。销售人员应该对教师这种职业表示敬意，倾听关于其得意门生的话。最好激起其自尊心，展开虽然积极但稍微谨慎的商品介绍。

退休工人型消费者

这一类型的消费者对将来非常担心，他们只能以有限的收入来维持生活。因此对于购买，采取保守态度，决定及行动都相当缓慢。进行商品说明时，你必须恭敬而稳重。在刚开始时，如果你以刺激的情感速求交易，他们一定不会购买，你应先引导他们的购买动机。

农民型消费者

思想保守，自强，独立心旺盛，心胸宽大，受人喜欢，明白事理，即使有了可疑的事，也以善意接受。对于这一类型的消费者，你可以用积极而情绪化的介绍打动他们，对他们诉诸于感情或是“常识”较有效。只要博得信任，即会持续购买。但是，面对这种消费者，即使彼此的关系非常亲密，也要注意礼节。

营销人员型消费者

对他们可以营销任何东西。他们的性格直爽，颇有个性，观念清楚，购买时会凭一时的冲动下决断。对事物抱着乐观的看法，随时寻找理想的交易。如果让他们觉得对商品内行，即能打动他们。应该表现你佩服他们身为销售人员具有的知识或工作态度。

性格差异形成消费者独特购买行为

粗略来分，人的性格可以分为外向型和内向型。

外向型消费者

外向型的人说话比较果断，能明确地表达自己的意愿，语速也比较快，声调较为洪亮，愿意与人接触，待人热情，做事不拘小节。

表现在消费行为上，直接是这类消费者的一大特点，在购买商品时，如果他们喜欢就会很痛快地购买，不喜欢的话就会果断拒绝。在拒绝时也通常不会绕弯子、委婉拒绝，而多半会直截了当予以拒绝，而不管对方是否能下得了台。例如下面这段对话：“你好，我想为孩子购买一份保险。”“您看，这是我们公司适合儿童的所有保险，我可以一一给您介绍。”“不用，我把我小孩儿的情况告诉你，你帮我选择一个最合适的就好，不用一一介绍了，我就相信你一次，交给你办了。”“好的，那我记录一下，请您放心，我一定帮您选择一个最合适的保险。”很显然，这个消费者就是外向型消费者，他不会拐弯抹角地说话，而是很直接地表达诉求。

另外，由于外向型消费者凡事愿意摆在外面，不喜欢藏着掖着。那么，当你拜访消费者，看到他的办公室里摆放着学位证书、获奖牌匾，还有装帧精美的其他证书之类的荣誉象征时，极有可能这个人就是一位外向型的人。

一般来说，销售人员与外向型消费者交流还是比较容易的，和这样的人在一起，销售人员也不会感到压抑。当销售人员给这样的消费者介绍商品时，他们会很乐意地听销售人员说明，并且会很积极地参与进来，发表自己的看法。

面对这样的消费者，销售人员应该以比较外向的方式来与之交往，要顺着对方的心意服务。

1.及时赴约。外向型的消费者通常有很强的时间观念，对于时间的把握，他们甚至能精确到以分钟甚至是秒计算的程度。如果与这样的消费者预约，一定要做到及时赴约，否则你会给这类消费者留下一个没有时间观念的印象，从而会失去他们对你的信任。

2.言简意赅。在与外向型消费者交流沟通时，销售人员要注意把握交谈时间，说话言简意赅，切中要点，要尽量用最短的时间把最有用的信息传达给他们，不要给对方留下浪费时间的感觉。否则，会被视为在浪费时间，而不利于合作。

3.事实说话。外向型消费者的目的性很强，也很直接，他们只关心你的产品或者服务能否满足他们的要求，而通常不去管其他的方面。说服他们最好的方式就是用事实证明一切，其他烦琐的解释在他们看来都软弱无力，而且很没有必要。

4.及时解答。外向型人做决策速度相当快，而且缺乏一定的耐心，一旦他就某项条款提出异议，你就要迅速做出最合理的解释。你必须跟上他的脚步，及时地提供信息以助其完成决策，只有这样，合作才有可能取得成功。

内向型消费者

与外向型人豪爽干脆的性格相反，内向型人性格内敛、沉静，不善言谈，也不愿意与人交流，更不愿意将内心的真实想法说出来，喜欢独处。

在消费环节，内向型的人总是显得十分谨慎，对产品精挑细选，甚至久久拿不定主意，以致于消费的数量不多。对上门推销的人员，内向型人警惕性很高，态度很冷淡，不愿意交谈，说话极其有限，而且极有分寸，这样就使销售人员的工作很难展开。

不过，在内向型消费者冷漠的神情之下掩盖着的是一颗火热的心，只要你获得了他们的认可，他们是很乐意和你一直合作下去的。面对内向型消费者，销售人员应该做到：

1.详尽全面。内向型人往往心思敏捷，推理能力很强。针对内向型消费者的这个性格特征和心理状况，销售人员在与之交流沟通中，讲话要富有条理和专业性，要把合作的优点和缺点一一展示出来，提供的信息也要尽量全面。

2.富有耐心。在销售人员介绍产品或者服务时，内向型消费者往往会认真倾听，他们会对销售人员提供的信息进行很认真的思考、推敲。由于考虑的事情很多，所以他们思考的时间较长，但是一旦分析完自己掌握的数据，认为自己足够了解销售人员推销的产品或者服务时，合作的成功性就会很大。因此，销售人员一定要有耐心，并适时保持沉默，给对方以足够的思考时间进行决策。

3.积极主动。内向型消费者属于慢热型，他们由于天生性格内敛、沉静，而且对于陌生人有一种天生的防御和警惕的本能，因此往往会表现得冷漠、无动于衷。但只要你获得了他们的认可，他们自然就会表达出十分的善意。等到彼此熟悉起来，他们就会变得十分信任你、依赖你，甚至让你替他们做决定。

而且，内向型的消费者在购买过一次你的产品后，如果结果让他们满意，你们之间就会有下次、再下次的交易。所以，内向型的消费者是值得销售人员努力与之建立稳定关系的。

购买态度是影响消费行为的主要因素

除了年龄、职业、性格等划分方法，在研究不同消费者购买行为时，还有一种较为普遍的分类方法——以消费者购买态度为基本标准。因为说到底，消费者购买态度才是影响消费者行为的主要因素。从这个意义上来说，我们将消费者分为以下几种：

理智型消费者

理智型消费者是指以理智为主做出商品购买决策的消费者。他们的购物思维方式比较冷静，通常要做广泛的信息收集和比较，充分了解所需商品的相关知识之后，才会做出购买决策。

对于销售人员来说，这一点也可以作为你的切入点：当你表现出你的专业和专注时，往往会赢得理智型消费者的心。而不应该把营销策略的重心放在包装、装潢、广告等方面，因为它们的影响力对这类型消费者购买行为的作用相当有限。

而且，对于理智型消费者来说，即使他的朋友已经买了你的产品，你也不要以为他会买单，他购买产品往往要通过自己多次分析。因此，与理智型消费者合作不能过于着急，你对待工作尽职尽责的态度，就会给消费者留下一个可靠的印象，那也代表你已经赢得了他们的心。

冲动型消费者

冲动型消费者指容易受别人诱导和影响而迅速做出购买决策的消费者。他们通常情感较为外向，随意性较强，最易受广告宣传、营销方式、商品特色、购买氛围、介绍服务等因素的影响和刺激，进而诱发出冲动性需求购买行为。

对待这类消费者，销售人员应该顺其心意，时不时说出一些赞美的话语，使得消费者心情始终保持愉快，推销即可成功。

另外，对于冲动型消费者来说，其购买意愿的实现过程较短，因此销售人员必须把握住消费者的这个“热情劲”，速战速决，直接搞定。

固执型消费者

固执型消费者是指喜欢按照自己对品牌偏好定向购买的消费者。他们较少受广告宣传和时尚的影响。其需求的形成，多是由于长期使用某种特定品牌的商品而使消费者产生了信赖感，从而按习惯重复购买。

对于销售人员来说，若只是一味地广告宣传、做促销去诱导，很有可能会付出失败的代价。正如对待洪水一样，我们堵不住，又不能放任自流，最好的办法是“疏导”。目的是给消费者一个消费你产品的全新理由，这个理由一定是其他同类产品所不具备的。并且，将产品的质量保持长期的稳定性，促成消费者的重复购买，形成对本产品的习惯性购买行为。

选价型消费者

选价型消费者指对商品价格变化较为敏感的消费者。他们往往以物美价廉作为决定购买决策的首要标准。对于销售人员来说，最好的方法就是促销、降价或者回赠物品，此时的商品相对于平时来说，价格就低了一些，于是消费者就会抓住这一机会大量购买，通过与平时同类商品的比较来获得更大的满足。

另外，还要注意，选价型购买行为还有一种截然相反的表现形式——选高价行为，即消费者更为乐于选择购买高价优质商品。从这个意义上来说，销售人员的销售方针还必须及时地实现从“优质低价”向“受消费者支持的价格”转变。

事实上，不管是哪种消费者类型，只要你主动迎合，了解需求，有的放矢地抓住消费者的不同心理软肋，制定相应的营销策略，就一定可以取得成功。

第三章 激发消费欲望

——人性的弱点就是销售的突破口

消费者的消费欲望是潜在购买力转化为现实购买力的必要条件。而激发消费欲望的方法只有一个——直击其人性弱点。要么是利用消费者的虚荣心理、要么是击中消费者的恐惧点、要么是迎合消费者的贪婪属性……总之，关于人性的一切弱点，都是销售的突破口。

欲擒故纵，激活消费者的逆反心理

逆反心理是人人都有的一种心理，是人的一种天性，在某些特定条件下，就会被激活，进而支配着人们的行为活动。消费行为也不例外。销售人员在向消费者推销产品的时候：一方面要避免引起他们的逆反心理驱使其拒绝购买自己的产品；另一方面，还要学会刺激消费者的逆反心理，引发他们的好奇心，让他们产生强烈的购买欲望。

自曝其短或许比王婆卖瓜效果更显著

众所周知，维纳斯是因为缺憾，才更加美丽。同样，销售人员在给消费者介绍产品时，也不用试图回避产品的缺点。相反，适当地暴露一些不足，将之变成产品中的“维纳斯”，反而会得到消费者的信任，更容易取得订单。

遗憾的是，在现代许多商业宣传中，几乎都是采用一边倒的“单面宣传”方式。大多数的销售人员只是一味地宣传产品如何之好，而对产品的不足之处绝口不提。例如，当你看中了某件商品时，销售人员立即走过来，天花乱坠地为你介绍这款商品的优点，却对它的缺点只字不提。当你问他：“你的这件商品真的有这么完美无缺么，它有什么缺点呢？”这个问题经常让销售人员措手不及，他们只准备了如何推介产品优势的说辞，从来没有考虑过产品还存在着哪些缺陷。很多销售人员只好硬生生地回答道："我们的产品目前好像还没有明显的缺点。"听到这样的回答，相信你一定会立即打消购买的念头，因为销售人员的"片面宣传"让人产生了不真实的感觉，自然对他所推介的产品缺乏信任。

事实上，不论多么优秀的商品，总会存在着一些缺陷。过分的"自卖自夸"，只会让消费者产生抵触和厌恶情绪，自然对他所宣传的产品持怀疑态度。如果销售人员可以采用"双面宣传"形式，即在说明某种商品或事物的优点的同时，也对它的缺点如实相告，往往能够让消费者觉得销售人员值得信赖，也由此信赖他推荐的产品。

不过，"自曝其短"这一招，也是要讲究一定的技巧性的：

曝的缺点：要显而易见

销售人员与其绞尽脑汁地回避产品的缺点，把黑的说成白的，把丑的说成美的，引起消费者的种种猜忌，还不如诚实一点，主动地以适当的方式把产品的某些缺点告诉消费者。尤其是那些显而易见的缺点，即使你不说出来，消费者也能看得到，坦然地讲出来，反而能够赢得消费者的信任。

实际上，当销售人员把自己产品中那些无足轻重、显而易见的短处当着客户的面"和盘托出"时，消费者反而会自动将注意力集中在产品的优点上。如果再加上你有意识的引导，通常消费者接受产品的概率会更大。

曝的方法：用价格优势

当产品的质量得到保证后，产品的价格往往是消费者最关注的问题。当消费者因为产品的缺点而拿不定主意时，你可以将自己的产品与一些价格较高的同类产品相比较，要让消费者明白产品的价格差异是你最大的优势。而要做好这一比较，就需要你平时多注意收集同类产品的价格资料，以便进行对比，从而用事实说服消费者。

另外，销售人员提出产品缺点的时机也有一些讲究。销售人员在与消费者沟通时，通过巧妙的询问、认真的倾听，得知消费者的真实需求后，仔细地对比一下产品的优缺点与消费者需求的关系。如果产品的优点正好是消费者的需求，那么，你便可以先放心地将产品的缺点告如消费者以博取他的信任。然后，再以他需要的优点加以弥补，这样往往会得到“皆大欢喜”的结局。当然，如果产品的优点不太符合消费者的需求，那你就要谨慎行事了。

当然，“自曝其短”的方式也并不是对所有的消费者都适用，它更适用于那些文化程度较高、判断能力较强的消费者；而对于那些文化层次相对较低、优柔寡断的消费者，或许“王婆卖瓜”的效果更为显著。

买涨不买落的“大小刺激效应”

在商品推销中，价格是一个非常敏感的因素。一般来说，价格的涨落会直接抑制或激发人们的购买欲望，两者呈反向关系。毕竟人人都喜欢花少量的钱，购买尽量好的产品。

不过，在某些特殊因素的影响下，消费者也会产生对价格变动的逆反心理，导致“买涨不买落”的逆反行为。即当产品价格降低时，有一部分受个人心理特点、主观条件和对产品价格的理解程度的影响，会认为商品价格是由于商品品质下降，或是过时、滞销的积压品等因素而造成的降价。当商品提价时，消费者又会认为这些产品品质高，或产品的价格还有上涨的可能性。这也是消费者心理的一种反应。

而对于销售人员来说，既能让消费者购买产品，同时又不在价格上自我牺牲，实在是一件求之不得的事情。

那么，如何才能做到既提高价格又提高了购买量呢？

一位朋友经常光顾家边一家小饭馆，时间长了，他发现这家店主在经营上的一些规律：菜单更换的频率一般在1个月左右。店主会根据时令，适当推出一些特价菜或小盘菜（主要是家常菜），但受消费者欢迎的菜，店主往往会涨上一两元。

周围的餐馆关了好几个，其中也不乏重新开张，后又倒闭的，但这家餐馆却一直生意兴隆，门庭若市。这位朋友一直觉得很奇怪：更换菜单、推出特价菜、小盘菜，可以说餐馆老板很会迎合客户需求，但提高菜价往往会使消费者忠诚度降低，甚至客户流失——店主既然懂得如何满足客户需求，为什么还要涨价，抑制客户需求呢？

其实，这里面就是一种心理效应在起作用。这种心理效应就叫作“大小刺激效应”。

即人们一开始受到的刺激越强，对以后的刺激的感受和反应也就越迟钝。换言之，人们受到第一次刺激能够缓解他受到的第二次较小的刺激，前面的大刺激会使后面的小刺激显得微不足道。

这种心理效应的产生，实质是一种心理麻痹的手段：先设计一个较大的刺激放在前面，虚晃一枪，冲击一下对方的心理；而真正的目的则藏在后面，在对方已经形成较大心理刺激的前提下，再把它提出来，就显得不那么严重了。

比如在房地产销售中，一处房产由原价30万突然涨到40万，不会有人感兴趣，但如果涨到32万，购房者却会趋之若鹜。原因就在于“大小刺激效应”：一套房子30万，这个数目对消费者的心理刺激已经足够强，是个“大”刺激。当消费者接受了这个“大”刺激之后，房价上涨的那2万或3万这个小数目，在消费者看来已经是可以接受的“小刺激”——30万都掏了，还在乎这两三万吗？同理，几个月之后，当房价变成35万时，消费者也会想：“32万都掏了，还在乎多加3万吗？”

房产商正是洞悉了这个普遍的心理规律，而使房价的上涨沿着一个缓慢而有序的轨迹，在一个庞大基数的基础上每次涨一点，保持在一个合适的、心理可以接受的范围之内。

我们再回到上面的例子，相对于十几元或二十几元的菜价，涨一两元对大多数消费者而言都是一个能够承受的心理范围。店主虽然会不时调高菜价，但每次调高的菜单价格都在消费者能够承受的心理范围内，而且某道菜菜价涨到一定程度也就固定了。这在一定程度上帮助餐馆老板达到了利润最大化，而且并没有损失消费者的忠诚度。

在实践中，商家和销售人员也可以灵活利用消费者的这一心理弱点，以具体情况为变通条件，选择最合适的调价策略，实现销售制胜。下面这几种商品涨价的技巧，或许会给你提供一些帮助：

公开采购成本

当商品的成本不断上涨时，就需要将售价提高，为减轻消费者的抵触心理，应将商品的采购成本如实地告知消费者，让消费者接受涨价的事实。

根据时机涨价

涨价要抓住适当时机，错过了机会，价格就难以提高了，涨价最有利的时机有：当消费者皆知采购成本上涨时；季节性商品换季时，如冬季商品换成春季商品时；年度交替时；传统节日和传统习俗时期等。

只是部分提升

提升商品价格可分为部分提价和全部提价两种。当商品全部提价时，消费者会心生不满。如果是部分提价的话，随着时间的推移，消费者会对原来无法接受的价格逐步适应。

把握涨价幅度

消费者一般对涨价的原因并不关心，他们只关心涨价后的价格与自己心目中的价格标准是否接近。因此，如果需要大幅度调整商品价格时，就要采取分段调整的方法，且每次涨价的幅度一般不能超过10%。

附加一些馈赠

商品涨价时，搭配附属商品或赠送一些小礼物，提供某些特别的优惠等，会给消费者一种商品价格提高是由于搭配了附属商品的感觉。过一段时间后，再重新恢复到原有的价格水平，这样做要注意时间的配合。

可以延缓报价

当价格上涨已成为市场发展的一种趋势时，对某些生产周期长的商品来说，等商品完成或交货时再报价，这样消费者便能接受涨价的行为了。

消费者更喜欢宽松的购物环境

有时，我们会发现一种奇怪的现象：那些围在消费者身边热情推销的销售人员，反而不如让消费者自由选购商品的销售人员业绩好。这是为什么呢?

这其实就是“自由”的力量！“自由”这个词包含着改变人们行为的实际影响力。简简单单对一个人说他是完全自由的，就有可能引导他完成你的心愿。

为此，研究人员曾做过这样一项实验：实验者在街上向路人借钱买公交车票。当在“您请随意”的条件设计中，对路人这样请求：“您接受也行，拒绝也无妨，但您能不能借我几元钱买车票？”在对照实验中，只是说：“您可以借我几元钱买车票吗？”结果是，当表示自愿的时候，不仅出钱的人数增多，而且给的更大方。

从实验来看，自由感是个人自发地实施某种行为必不可少的条件。在消费行为中，这种心理往往表现为：消费者更喜欢一种宽松的、自由的购物环境供他们观赏和挑选，如果销售人员过分热情，紧紧跟随，并且喋喋不休地介绍商品，会让消费者反感，会让他们感到一种无形的压力，反而趁早“逃之夭夭”。

针对消费者的这一心理，销售人员就可以利用给消费者以“自由”的感觉来达到销售商品的目的。

不要过分热情

在销售中，热情是被销售人员认同的必需的一个服务环节，消费者进店要笑脸相迎，主动打招呼，买卖不成也同样需要热情，但任何事情都有一个“度”。太冷漠会使消费者失去购买兴趣，太过热情也会吓着消费者：据日本的一家商业机构调查，在店门口伺立两名营业员，不时地向路人发出“欢迎光临”的邀请，又是微笑又是鞠躬，结果大多数的消费者都绕道而行。

因此，作为优秀的销售人员，就要有不会使人感到过度和不自然的热情。而这其中的关键就是你需要与消费者保持恰当的距离，用目光跟随消费者，观察消费者。一旦发现时机，立马出击。一般来说，招呼的最好时机应该是消费者的心理阶段在“兴趣阶段”最为理想。以下几种情况是消费者产生兴趣的表现：当消费者看着某件商品（表示有兴趣）；当消费者突然停下脚步（表示看到了喜爱的商品）；当消费者仔细地打量某件商品（表示有需求，欲购买）；当消费者找标签、价格（表示已产生兴趣，想知道品牌、价格、产品成分）；当消费者看着产品又四处张望（表示欲寻求销售人员的帮助）；主动提问（表示消费者需要帮助或介绍）。当遇到这些情况的时候，销售人员就可以上前招呼了。不过，还要注意千万别出其不意地在消费者的背后出声，恐怕会吓到人，应该是从侧面自然地打招呼，及时地为消费者提供专业的产品知识。

不要强买强卖

消费者的消费决策，同样需要感受到这是基于自由意志做出的决定。因此，当消费者选好了商品，却还难以做决定时，销售人员即使心里再着急，也不能催逼消费者。这时，销售人员要做的是：给消费者留下较深的印象，争取他后来自动返回。

例如，有个大学生想买一套音响，由于产品种类很多加上经济条件所限，一时不知该选哪个好。正当他徘徊不定的时候，店员看穿了他的心思，对他说："这些东西价格都很贵，最好慎重考虑考虑。你可以再到其他商店比较比较，俗话说，'货比三家不吃亏'，比较好了，你再回来！"听了这话，大学生顿感轻松，于是到其他几家商店观察和比较去了。但是看了一通，没看不出什么明显区别，又觉得对最初那个店员的印象不错，就返回那个店，买了一套音响。

没有一个人喜欢被支配。如果你给消费者试图支配他的感觉，他只能对你产生抵触，敬而远之。这位销售人员一定是深刻理解这句话的。试想，如果他执意对大学生说："我是绝对不会骗你的，不信你买下试试，肯定会满意的！"这样强买强卖，反而会让对方的心里感觉不太好，而拒绝你的推销。

总而言之，销售人员在做到热情、周到的同时，一定要给消费者留有一个自由的空间，当感觉消费者需要帮助时再给予帮助。对消费者进行帮助时也要注意把握两个原则：一是两厢情愿；二是适得其所。

语言的力量可以消除消费者本能的抵触

通常情况下，消费者对陌生的销售人员有一种本能的抵触情绪，但语言的力量却可以消除它。正如台湾著名成功学家林道安所说：“一个人不会说话，那是因为他不知道对方需要听什么样的话；假如你能像一个侦察兵一样看透对方的心理活动，你就知道说话的力量有多么巨大了！”

多用“我们”与消费者建立同体观

不知道大家是否留意到，演说家和政治家都喜欢在演说中频频使用“我们”“我们大家”等字眼。如：“我们要趁早将牛肉自由化，使大家能吃到廉价的牛肉，所以我们必须行使我们共同的权力，以达成这个目的。”

因为加入了“我们”，即使那些人是为了个人的利益，但是给听者的感觉却是：这是与大众的切身利益相关的。简单的几句，便笼络了大众的心，使众人产生了“命运一致”的感觉。

这其实就是心理学上的“自己人效应”。每个人的内心都存有或多或少潜在的“自我意识”，都不愿意受到他人的指使。如果他认为你是在说服他，他的自我意识会变得更加强烈，不易与你的看法一致。即使你说得天花乱坠，头头是道，在他看来可能也只是为你的个人利益进行的表演，不一定愿意接受你的意见。但是如果此时你能使用到“我们”这一字眼，就会暗示对方：彼此是一体，是利害与共的。这样，对方原本坚强的防御体系也会倒下，他们会在不知不觉中信服你的说法。

同理，当销售人员想要说服消费者购买自己的产品时，首先就需要在心理上让他感觉到你和他都是“自己人”。“自己人效应”一经形成，人与人之间的摩擦事件与心理冲突会大大减少，就更容易建立良好的合作关系。

那么，如何才能让消费者对你产生“自己人”的感觉呢？

俗话说“物以类聚，人以群分”，心理学家发现，各种情况的相似，都能引起不同程度的人际吸引。共同的态度、信仰、价值观、经历和兴趣；共同的语言、种族、国籍、出生地；共同的民族、文化、宗教背景；共同的教育水平、年龄、职业、社会阶层；甚至共同的身体特征，如身高、体重等，都能在一定条件下，不同程度上增加人们之间的相互吸引力。

所谓“自己人”，就是上面所说的这些与自己存在着某些共同之处的人。例如，当我们正在犹豫是否买某种产品的时候，如果销售员对你说：“我自己用的也是这个产品，挺不错的！”这时候，我们往往就会对他产生信任感。下面这个事例中的导购女孩就运用了这一技巧。

这是一位消费者的自述：

有一次，我到商店买裤子。试穿了很多条，却没有觉得非常满意的。正在我犹豫不决的时候，一旁跟我身材差不多的导购女孩满脸微笑地跟我攀谈起来。

“您在买裤子的时候，是不是很难买到合适的？”她问。

我看了这个苗条高挑的女孩一眼，说："是啊！"

她继续说："像我们这样身材太苗条的人，很难买到腰围合适的裤子，我就经常买不到。"她边说，边用双手做了个掐着自己细腰的动作，对着我微笑。

"是的，很多裤子我都喜欢，但有的没有小号，腰围有点大，就穿不了。"她这一说，还真说出了我的苦恼。

"对呀！以前我也在网上买过裤子，有适合的，但质量都不太好。我觉得咱们店里的裤子穿着挺舒服的，你看！"说着，她低头看自己的裤子。

我对这个与自己感同身受的导购女孩顿时有了好感，立即决定买一条裤子。

这个导购女孩非常聪明，她没有把自己和消费者看成店主和顾客的关系，而是看成了面临同一问题的人。她抓住自己和消费者身材相似的特点，巧妙地展开话题，把是否买裤子的问题转移到身材太苗条的人比较难买到合适的裤子的问题上。结果，消费者很自然地把她当成了"自己人"，而对她所说的话比较信任。

如果你也希望自己很快地被消费者接纳，你就必须同对方保持"同体观"的关系。即把对方与自己视为一体，在消费者看来，你是在为他们说话，或你是为他们好。这样，双方的心理距离拉近了，他们就不会感到某种心理压力的存在，也无须有戒心了。

幽默的语言让消费者不再排斥你

幽默是一种生活态度，也是一种与人沟通的技能，在心理学家看来：幽默是一种最富感染力、最具有普遍传达意义的交际艺术，对融洽人际关系起到了巨大的作用。

在销售中，交易的本身容易让消费方对销售方充满戒备与敌意，如果销售人员在与消费者初次见面中能够适当运用幽默的语言与顾客交流，一定程度上可以消除消费者的敌对和紧张情绪，甚至会制造出一种一见如故的轻松愉快的交谈气氛，大大有利于后续的交流和推销活动。

事实上，诸多成功的销售案例也可以充分证明，只要你能创造出与消费者一起笑的场面，就突破了消费者排斥你的难关，并拉近了彼此的距离，在此基础上就极有可能把潜在消费者变成客户。例如下面这个日本寿险业著名销售员原一平的推销案例：

一次，原一平到一户人家去推销保险，一见到对方他就自我介绍："你好！我是明治保险的原一平。"

"喔……"对方端详他的名片一阵子后，慢条斯理地抬头说："两三天前曾来过一个保险公司的推销员，他话还没讲完，就被我赶走了。我是不会投保的，所以你多说无益，你还是快走吧，以免浪费你的时间。"

原一平自然看出了此人的不友好，但他自有办法应对。"真谢谢你的关心，你听完我的介绍之后，如果不满意的话，我当场切腹。无论如何，请你挤点时间给我吧！"原一平一脸正经，甚至还装得有点生气地说。

对方听了忍不住哈哈大笑，说："有点意思，你真的要切腹吗？"

"不错，就像这样一刀扎下去……"原一平一边回答，一边用手比划。

"等着瞧吧！我非要你切腹不可。"

"来啊！既然怕切腹，我非要用心介绍不可啦！"话说到此，原一平脸上的表情忽然从"正经"变为"鬼脸"，于是这个人和他不由自主地一起大笑了。

对一个进行直接访问的推销员而言，能运用幽默的语言消除消费者的陌生感和敌意是非常重要的，它是后续销售活动顺利开展的重要前提，是成功的前奏。在这个事例中，原一平就是运用了幽默的语言消除了消费者的敌意，制造出一种轻松愉快的交谈气氛，让他不再排斥自己，为后面的推销活动打下了良好的基础。

在运用幽默这一技巧时，销售人员要注意以下几点。

要适度。在和顾客开玩笑时，要注意保持一个“度”，即不要过度，掌握好分寸，避免给顾客留下轻浮、不可靠的印象。

要注意内容。幽默的内容要保证健康，不要低俗，更不要拿顾客的一些私人问题说笑，以免引起对方的不快，使顾客觉得你不尊重他，而且一定要做到措词明了，避免引起误解。

要保持微笑。在和顾客开玩笑的过程中，一定要保持微笑，否则，幽默就很可能被误认为是讽刺。你的微笑其实就是在告诉顾客，你此刻说的话是为了让顾客高兴起来。

要区别对待。准备幽默一番之前，最好先分析顾客是否喜欢幽默，一定要确信不会激怒对方。如果对方是一个一本正经，喜欢直截了当的人，就不要自作聪明，故作幽默了。否则，极容易引起对方的反感，给自己徒增烦恼。

开场白要新颖独特才能吸引消费者

俗话说：“话有三说，巧说为妙。”一句话既可以说得让人笑，也可以说得让人跳，关键就在于如何去说。对于销售人员来说，如何巧说开场白才能够打动消费者的心，将消费者的注意力吸引过来，是非常重要的，关系到自己推销的成功与否。

简单说，要想将消费者的注意力吸引过来，销售人员的开场白一定要新颖独特，够吸引人，才有可能起到将消费者注意力吸引过来的目的。

让我们看一个地毯销售人员是如何吸引消费者关注的：

在家居卖场门口，这个销售人员对路过卖场的一位年过半百的女士说："阿姨，您信不信，每天您只需花0.16元就可以使您的卧室铺上地毯？"

这样的说法显然让那位妇女感到有些莫名其妙，她表示了惊奇。销售人员继续说："让我给您算一笔账，假设您卧室有12平方米。我们公司销售的地毯价格为每平方米24.8元，这样您只需花297.8元就可将您的卧室铺上地毯。另外，我们的地毯可以完好地使用5年，每年365天，这样平均每天的花费就是0.16元。"

这个销售员巧妙地向消费者提问，制造出神秘气氛，成功引起对方的好奇，然后在为消费者解惑时，很巧妙地把产品介绍给消费者。

在推销活动中，如果你的开场白新颖独特，就能够吸引住消费者，就能够在开场的那一段短暂的时间内抓住消费者的心，为接下来的推销打下良好的基础。

那么，什么样的开场白才能够起到这样的效果、达到这样的目的呢？推销高手常用以下几种创造性的开场白来吸引消费者：

传授省钱妙招

几乎所有的人都对钱感兴趣，省钱和赚钱的方法很容易引起消费者的兴趣，所以不妨以告诉对方如何省钱或赚钱来吸引消费者。

提出恰当的问题

直接向消费者提出问题，利用所提的问题来吸引消费者注意。在运用这一技巧时，要注意提出的问题应该是对方最关心的问题，否则，很难达到吸引人的目的。

提供有用信息

可以向消费者提供一些对消费者有用的信息，来吸引消费者的注意力，比如向对方提供对方需要了解的市场行情，新技术、新产品的相关知识，等等。

产品表演展示

利用产品表演展示来吸引消费者的注意，激发其兴趣。这种方式最直观，也最能吸引消费者的注意力。但要注意在表演展示中，要边表演边解说，恰到好处地将产品特点展现出来。

向消费者求教

可以利用向消费者请教问题的方法来引起消费者注意。这种方式往往会激发出对方的自信和自尊感，从而愿意给你释疑解惑，而你也达到了吸引关注的目的。

好的开场，就是推销成功的一半。因此，销售人员一定要重视对消费者说好开场白，努力让自己的开场白不同凡响、不落窠臼，打动消费者的心，引起消费者的注意，为后续的推销助力。

专家式的介绍，更能获得信赖与支持

人们都有愿意相信和认可权威的心理，虽然这种信任和认可很多时候是盲目的，但在销售活动中，销售人员却大可利用这种影响力和人们对专家的遵从和认可来达到销售的目的——在和消费者交流时要模仿专家说话，采用专业性话语，以求吸引住对方。

以产品介绍为例，通常情况下，良好的产品介绍需要符合FABE的要求：F代表产品的特征；A代表产品的优点；B代表消费者的利益；E代表证据。在给消费者介绍产品时，要把产品的机能、材料、外型、使用性、便利性、价格以及可以给消费者带来哪些便利和利益等，都要说清楚、明白，才算是良好的产品介绍。

例如看下面这个产品介绍："诸位请看，这是一款新式调料瓶，瓶口有舌状的倒出口，出口上刻有5厘米的沟槽。这个沟槽的用处是防止瓶内的液体外漏，但不会妨碍往里面倒入液体，油、醋、酱油等都可以由此口无障碍地倒入。

"这款调料瓶优点之一是在倒完瓶内所装液体后，不会在瓶口存留所倒的液体，因此看起来十分干净卫生。根据我们的市场调查，这一特点是市场上同类商品不具备的，因此特别难能可贵，有着非常好的销售前景。

"您再看，这款调料瓶是圆锥形的，盖子也是圆的，上下一体，给人一种圆润、光洁的感觉。颜色方面，也有蓝、黄、绿三种颜色可供选择，可以说外观时髦别致，既可以放在厨房，也可以放在餐桌和食品柜中。因此，不管是从外型还是实用性上看，这款新式调料瓶都堪称完美……"

这个产品介绍就比较符合FABE的要求，产品的性能、外观、使用、特色，以及给消费者带来的利益都介绍得十分清楚，消费者也会听得明明白白。

专家式的介绍，更能获得消费者的信赖与支持，这已毋庸置疑。但同时我们也要注意避免走入一个误区。有些销售人员，为了让消费者觉得自己是这一行的专家、对自己所售产品十分了解，就在向消费者介绍产品时，一味地用专业术语来包装自己，想以此来赢得消费者的好感和信赖。但是这样卖弄专业术语的行为，往往会给自己的销售带来不良后果。消费者会因为这些听不懂的术语与你产生沟通障碍，也会因为这些艰深的术语对产品失去兴趣。比如，保险行业推销员如果总是搬出一堆专业术语如"费率""债权""债权受益人"等，即使消费者有购买兴趣，也会因听得一头雾水而婉转地谢绝。

所以，销售人员在努力使自己成为产品专家，能以专业的口吻为消费者释疑解惑的同时，也要学会站在消费者的立场上介绍产品和服务，只有这样才能真正获得消费者的信赖，进而实现良好的业绩。

嘴巴甜的人，永远是受人欢迎的

得到别人的承认和赞美是人的一种本质的心理需求。在婴儿时期，我们每个人都是从父母的点头、微笑、扣手、抚摸等赞美性的动作中获得满足的；长大成人以后，更多的人需要在别人的赞许声中、在社会舆论声中，获得强烈的成就感。既然每个人都喜欢受到别人的赞美和尊重，自然也会对赞美自己和尊重自己的人抱有好感。试想有哪个人会让夸奖自己的人难堪呢？

嘴巴甜的人，永远是受人欢迎的。如果推销人员能够运用恰当的口才技巧，先去真诚地赞美和恭维客户，再提出相关的问题，就会很容易取得对方的好感，随后的推销过程也就会顺利得多。

美国图书推销高手比恩·崔西曾经说过："我能让任何人买我的图书。"而他推销图书的秘诀只有一条，那就是——善于赞美消费者。

一次，他出去推销图书，遇到了一位非常有气质的女士。当那位女士听到崔西是位推销员时，脸一下子就阴了下来，说："我知道你们这些推销员很会奉承人，专挑好听的说，不过，我不会听你的鬼话的，你还是节省点时间吧。"比恩·崔西微笑着说："是的，您说得很对，推销员是专挑那些好听的词来讲，说得别人昏头昏脑的。像您这样的消费者我很少遇到，特别有自己的主见，从来不会受到别人的支配。"

这时，这位女士的脸已由阴转晴了。她问了崔西很多问题，崔西都一一做了回答。最后，崔西又高声赞美道："您的形象给了您很高贵的个性，您的语言反映了您有敏锐的头脑，而您的冷静又衬出了您的气质。”女士听后开心得笑出声来，很爽快地买了他一套书籍。而且，后来，她又在崔西那里购买了上百套书籍。

可见，没有人不喜欢被赞美，只有不会赞美别人的人。对于销售员来说，如果能够运用好这种技能，往往可以取得意想不到的效果。

然而，有许多人，特别是一些刚入行的新人，在这方面还放不开，不是不习惯，就是怕对方看不起自己。其实，这大可不必！很多时候，赞美客户实际上也是一种销售的智慧。这种恭维既不是口是心非，也不是凭空捏造，只不过是适当地夸张了一点而已。在你奉承的时候，客户虽然知道里面有些夸张的成分，他也会心安理得地接受的。

当然，还有更多的销售员则是已经了解了赞美的作用，但是，真的到了需要赞美别人的时候，却又不会准确运用。因为赞美也是要讲究技巧和方法的，并不只是美言相送，随便夸上两句就会奏效的，如果赞美的方法不当还会起到相反的作用。

那么，如何才能让赞美在消费者身上发挥出它的“功效”呢？

态度诚恳

赞美并非刻意恭维，也非虚情假意。只有态度诚恳，消费者才对你的赞美感兴趣，你才能收到理想的效果。因此，赞美消费者时一定要注意言语的恰当和感情的真实，要学会发自内心地赞美你的消费者。如果你的赞美之词毫无诚意，消费者会从你的语气态度中听出来，消费者就会觉得你很“假”，甚至认为你是有目的地阿谀奉承。这样不仅难以激发对方喜悦的情感，赢得消费者的忠诚，反而会让消费者产生戒备之心，那么这样的赞美还是不说为妙。

恰到好处

有时好话说多了，就会让人误以为那不过是场面话，还可能令人感到恶心、招致反感。这里有个技巧，就是找到一个“点”来赞美消费者，这个“点”一定是我们能够赞美的，而且确实是消费者身上的“点”。只有这样，赞美才更加容易被消费者所接受，才能让消费者从内心深处感受到你的真诚，即使这只是一个美丽的谎言，消费者也会非常喜欢。

先贬后褒

虽然人性的弱点使然，人都喜欢听到好话。但同时，人也是理性的动物，人喜欢正面刺激也是有理性分析的。相比“哇塞，从没见过这么好身材的！”“从没见过像你这么有气质的！”“你好能干呀！”……这类“肯定——肯定”句式，给人的喜欢程度最终赶不上诸如：“开始我觉得你这人有些清高，时间长了，我发现你其实是挺随和的一个人，我喜欢你这样的人——真实。”“我记得你以前车技一般，现在，怎么车开得这么好？”“我觉得你早期的作品率直而过于感性，后期的作品真诚而理性，更有思想性。”……此类“否定——肯定”型。

其原因之一可能就是因为前者区分性差，针对性不强，让人们怀疑其诚意，而先贬后褒则不仅会被认为是客观的表现，还会被认为对方有交往的诚意。在销售中，销售人员也可利用这个心理特点，“先抑后扬”地在消费者心中制造出一种动态的、螺旋式上升的“心理曲线”，来巧妙地提升自己在消费者心中的形象，拉近与消费者之间的关系。

把握时机

只有在适当的时机表达对消费者的赞美，才会显得你的赞美是非常自然的。比如：在你与消费者初次见面不知道说什么好的时候，可以礼节性地赞美一下，那会是一个非常愉快的开场白，它让你和消费者之间的沟通更加流畅；在销售过程中，消费者在试用产品时，你也可以把消费者身上的优点和产品结合起来进行赞美，这样就能更好地激发消费者的购买欲；在销售结束、消费者要离开时，你对消费者赞美有加，那消费者就有可能因此成为你的忠实客户。

总之，赞美是增进情感交流的催化剂，如果推销人员能找到消费者值得赞美的地方，并真诚地表达出来的话，就会立即拉近和消费者之间的距离，让他们接受自己，有时甚至还能够挽回那些行将失去的消费者呢!

能说会道的人还需具备声音的魅力

宋世雄、赵忠祥等人的解说怎么会感动那么多人，流传了几千年的相声艺术为什么至今还是经久不衰?从心理学来讲，一个重要的原因就是他们的声音都给了我们美妙的享受。古人也有“余音绕梁，三日不绝”之语，说的就是声音的奇妙。

事实上，在生活中，我们自己也深有体会：好的声音能够增添一个人的魅力，一个人即使面部有缺陷，但是说话的声音很好听，也会比那些说话声音有问题的人更有外在魅力；反之，那些原先被看成是很有魅力的人如果和说话声音扭曲，与奇怪联系在一起的话，那他的魅力就会大打折扣。

可以说，一个能说会道的人，所必须具备的要素之一就是声音的魅力。而销售员这一职业人，恰在此列。

那么，作为销售人员，我们应该如何让自己的声音为魅力加分而不是减分呢?

不要用鼻音说话

用鼻音说话会给人消极压抑的感觉，让人不舒服。一般情况下，电影中用鼻音说话的那个人总是一个脾气很坏、性格很固执的坏老头形象。因此，如果你希望说服消费者，就千万不要用鼻音说话，要用胸腔发音。只有字正腔圆的说词才能对别人产生说服力。

声音不能刺耳或过低

我们印象中那些尖锐刺耳的声音，往往都是女人在遭受惊吓或刺激时发出的声音，或是生性泼辣的女性骂人时发出的声音，那些声音会让人感觉非常不舒服。但是，声音过低也不好。它会让人觉得此人身心疲惫、委靡不振。而且这时发出的声音会让别人听起来十分苍老，缺乏热情和力量。尤其不适合销售这一职业。事实上，即使你以最低的声音说话，你的声音也需要助力，低语与柔和清晰的说话绝不相同。千万注意自己的声音要表达适度，只有这样才能进行有效的交流。

去掉嗯嗯啊啊的口头禅

许多人讲话时都会使用“嗯、那个、然后”之类的口头禅，当你发现他人使用口头禅时，你一定会感到这些词语是多么令人烦躁，多么单调乏味。那么，就请你记住奥利佛·霍姆斯的忠告——切勿在谈话中散布那些可怕的“呃”音。如果你有录音机，不妨将自己打电话时的声音录下来，听听自己是否出现这一毛病。一旦弄清自己的毛病，那么在以后与人讲话的过程中就要时时提醒自己注意这一点。

嘴唇不能僵滞

一个人如果在说话时嘴唇僵滞或者懒散，往往会出现口齿不清、省字连词的情况，这样别人根本听不清楚他在说什么，甚至会因此产生误解。而且，这样的说话方式也会让这个人看起来十分不自信，甚至有些唯唯诺诺。因此，销售人员在与消费者进行对话时，一定要注意表情的搭配，用丰富的表情调动起脸部肌肉的运动，只有这样，交流状态看起来才是积极的，也才能调动起消费者的积极性。

调整好语速

如果语速过快，别人可能会遗漏一些信息，最后导致对方根本听不懂你在说什么？如果语速过慢，对方就会产生倦怠感，根本无法坚持听下去。一般来说，适当的说话速度为每分钟120¯160个字。当然，这还需要你自己平时多加练习，因为要想把握好语速其实是很难的，即使是一个职业演说家也常常把握不好自己说话的速度。

注意声调和语调

声调即单个词的调子，语调即贯穿整个句子的调子，两者决定了声音的高低抑扬。有些领导抱怨自己讲话时下属会露出困倦的表情，其实这是因为他自己发出的是一种滴滴答答的单调之声，让别人根本听不进去。所以，我们在与消费者谈话的时候，一定要注意抑扬顿挫，这样才能给我们的话增添丰富的效果，增强吸引消费者的魅力。

控制了消费者的情绪，就控制了他的消费行为

在消费过程中,消费者的购买活动并不总是认知的直接结果，其中有相当一部分是与人的情绪因素相关的。从这个意义上说，如果销售人员可以控制消费者的情绪、情感，也就等于控制了他们的消费行为。

恐惧情绪可以击溃消费者的心理防线

按理说，销售人员在向消费者推销自己的产品时，应当给消费者营造一种温馨的氛围，即“使用了我的产品之后，你会得到什么样的享受”，但现实却是，许多商家及销售人员频频使出“恐吓”伎俩，例如保险公司、银行、医药保健公司等，无一例外都在其销售过程中，加入了恐惧的元素，而消费者也确实会被销售人员营造的“恐惧”所拖拽，购买一个又一个本来不需要的产品。

这是因为，恐惧，是最能左右人们情绪的要素之一。害怕生病、害怕死亡、害怕被看不起、害怕失去……每一个人都会有恐惧感。销售人员要学会利用消费者的恐惧心理，为消费者制造震惊，击溃他们的心理防线，从而顺利地使消费者发生兴趣，引导消费。

了解了消费者的这一心理弱点还不够，销售人员还需要在营造

“恐惧”氛围上掌握一些技巧。

描述制造恐惧

很多时候，恐惧来源于幻想。消费者通过销售人员对于不利情况的描述，往往会在内心形成一幅令其恐惧的场景。比如说保险公司不停地告诉消费者，应该购买某种保险，因为未来充满了风险，一旦发生了意外，如果没有买保险，就会处于多悲惨的境况；银行的理财顾问频频向消费者暗示，通货膨胀正在加剧，应该购买他们银行新推出的某款理财产品，否则钱就会越来越毛，甚至到最后会连基本的生活都无法保障；超市的售货员也对消费者说，现在的果蔬上都有大量药残，为了避免农药的危害，就应该购买他们超市新进的一台可以给果蔬消毒的机器，花几百块钱买回全家人的饮食健康是很划算的；街头促销员也会拉住消费者，推荐他们购买某种给儿童排铅的口服液，因为汽车尾气、大气污染等因素，孩子们体内都有铅毒，这会影响儿童的成长发育……消费者通过描述、联想，形成的恐怖心理，促使他们购买能够使得他们“安心”的产品。

数字渲染恐惧

用具体数字来说明问题，可以使说明更准确，更科学，更具体，更具说服力。例如，人寿保险销售员，在遇到消费者后，总是先告诉他们这样一项统计资料：“据官方最近公布的人口统计资料，目前有一件值得人们关切的事实：平均约有90%以上的夫妇都是丈夫先妻子而逝。因此，你是否打算就这一事实早做适当安排呢？最安全可靠的办法，当然是尽快投入人寿保险。”再比如，轮胎销售员对消费者说：“去年高速公路上发生多起汽车事故，30%的肇事原因是爆胎！”

这里用到的数字，提供了一般人所不注意又确实存在的事实，既令人震惊又令人担忧，能引起消费者的格外注意和重视。销售人员便可利用消费者震惊后产生的恐慌心理，适时地提出解决方案，这样就更容易达到成交目的。

总之，无论是显而易见还是半抱琵琶，销售人员都可以利用消费环境中“恐惧”的氛围，来把控消费者的消费行为。

消费者更愿意从微笑的销售员手里买东西

一家服装店里有多个导购，你是不是更愿意在微笑的导购手里买衣服？你是不是有时候会觉得，微笑的导购“引诱”你花了更多的钱？

其实这就是微笑在消费行为中的作用。微笑为什么会有这么大的“威力”呢？

这是因为，微笑不仅仅是一种愉快心情的反映，也是和人内在品质中积极的价值相联系的。心理学家请人就简单的肖像上的人做评价。他选出的照片都是相貌平凡者，只是有的带微笑，有的则不带笑容。结果显示，面带微笑的照片会得到积极的评价。当你微笑时，别人会觉得你更可爱，更和善，更合群，并且更聪明。

所以，作为销售人员来说，你的微笑至关重要：它恰似扑面而来的春风，能拨动消费者的心弦，调节谈话的气氛，密切与消费者的关系；它又婉如润物无声的细雨，能化解冷漠、疑虑和陌生感，获得消费者更多的理解和认同。因此，即使你的笑脸不那么迷人也不要紧，也请大胆地微笑。

不过，仅仅知道需要微笑，这还不够，还要知道怎样微笑。

真诚的微笑

销售人员在消费者面前流露出自然而甜美的微笑，会给人一种亲近、友善、和悦的感觉。要想使微笑自然、真诚，就应掌握好分寸，既不能做作，也不应过分，发自内心的笑容才是自然的。要避免不适当的微笑，硬挤出来的笑还不如不笑。销售人员在微笑时，切忌出现一些不适当的表情，以免引起消费者的猜疑和不快，忌讳的表情如假笑、冷笑、怪笑、媚笑、窃笑等。

热情的微笑

有调查显示，在成功销售的案例中，95%以上都是因为有热情的存在。销售人员在工作中要充满热情，这样你的工作就可以顺利地完成，同时也会取得骄人的业绩。相反，如果以低落的情绪应对工作，就会如同失水的蔬菜，毫无生机可言。其实，每个人都会遇到不顺心的事，心情也不会天天愉快，可是销售工作的服务性质，决定了销售人员不能随意释放自己的情绪。作为销售人员，你必须要学会控制自己的情绪，学会分解和淡化自己遇到的烦恼与不快，在工作中要时时刻刻保持一种轻松的情绪，一种热情的活力。

宽容的微笑

在服务消费者时，销售人员难免会遇到出言不逊、胡搅蛮缠的人，此时千万不可露出怒色，应用一种包容心去对待。拥有宽广的胸怀，工作中就不会患得患失，接待消费者也不会斤斤计较，就能永远保持一个好心境，微笑服务也是一件轻而易举的事情了。

会意的微笑

微笑服务更重要的是与消费者进行感情上的沟通。在感情上把消费者当作亲人、朋友，与他们同欢喜、共忧伤，成为消费者的知心人。销售人员要寻找与消费者的沟通点，用微笑来表达对他们的赞许、肯定、理解和感谢。

总之，当你把微笑作为一种武器时，就可以让所有对你心存戒备的消费者放下他们的武器。作为销售人员，请不要吝啬你的笑容，你要善于使用你的这一武器。笑脸相迎，即使理由不充分也会得到对方的好感。

消费者对商品的满意度也是凭心情的

一个人心情好的时刻，也是他最大方、待人最和善的时候。俗话说，“人逢喜事精神爽”，一个好心情的人眼中的世界是明亮的，充满了阳光和希望；而一个人心情差时，则会表现得比较抠门，对别人的求助充满冷漠和厌恶。一个坏心情的人，看谁都不顺眼，生活糟透了。在他眼中，每个人都在算计他，都在给他挖坑设套。此时你若张开金口，求他办事，多半会成为吃闭门羹的倒霉蛋儿！

我们姑且将之称为“好心情定律”。其实这也可以说是一个放之四海而皆准的定律，例如销售人员在向消费者推销商品时，就可以借助这一技巧。因为很多时候，消费者对商品的满意往往也是凭“心情”的，并不是产品好，消费者就一定会满意，心情作为一种产品附加的无形价值，会使消费者在购买的过程中得到精神的享受。而在美好的心情之下，消费者会更愿意与你成交。因此，作为销售人员，一定要抓住消费者心情好的时机，向他们提出成交的要求。

日本保险业推销大师原一平就很懂得这个道理。在推销保险的时候，每当有消费者问他：“投保的金额要多少呢？我每个月要支付多少钱啊？”原一平会立刻把问题岔开：“有关投保金额的问题以后再说。因为您是否能投保，要到体检后才能确定，所以目前最重要的问题是赶快去体检。”这样回答之后，有99%的消费者不会再追问下去。

原一平为什么这样做呢？他解释说，因为在体检之前，“关于投保金额的问题，您还没有权利问我”合情合理；而等到体检通过，与消费者谈妥投保金额之后，就要立刻收保费，绝不能耽搁。因为体检刚通过，证明自己身体健康，任何人心情都会比较愉快，这是收保费的最佳时机。万一耽搁了这个时机，就可能发生延期投保或降低保额等问题。

原一平可谓是洞察人心的高手了！同样一个人，同样一件事，你开口的时机不对，结果很可能就完全不同。你想一想，有人做生意刚赔了十几万，你就登门去推销，他能买吗？估计你心里也没底。所以，你需要牢牢记住“好心情定律”：在别人心情好的时候，向他推销，成功的机会就更大！

不过，在现实生活中，一个人接触各种各样的事物，不可能总是保持好心情的，遇到心情不好的消费者，也是常有的事。谈工作肯定不会很顺利，但如果你看到对方心情不好，就立即走人，那么也会让消费者感觉到你跟他就是公事公办，没有个人感情可言，那么你下次再去谈，他在内心里就会跟你有距离，对你这个人也不太会有好感。其实，从某种角度来说，人在心情不好的时候，也是公关最好的时候。例如我们经常见到或听说这样的情景：女孩子心情不好的时候，刚好有一男孩子来安慰她，后来坠入了爱河。那这个时候，销售人员应该怎么做呢？

通常心情不好的人，不太愿意跟陌生人说话，你可以发条短信写上安慰的话，发给他，你也可以写张小纸条或小卡片，留下安慰的话，由前台转交也可以，买束花也行，如果条件允许的话！这样，他会对你印象非常深的。

总而言之，只要你记住“好心情定律”，并善于利用这个规律，在别人心情好的时候，向他推销，那么，你的成功率一定会大大提高。

吊起了消费者的胃口，就打开了销路

好奇心是所有人类行为动机中最有力的一种。吊起消费者的胃口是引导消费者进行有效消费的最佳途径之一。

好奇心，其实人刚出生时就有。婴儿从母亲的子宫出来后，来到充满光明的世界中，周围都是没见过的东西。为了理解周围的一切，他会拼命地向四周寻视。长大些后，他开始不满足于只用眼睛看，还要用手去摸各种东西，甚至不管抓到什么都往嘴里塞。孩子的这种行为叫作“探索行动”，可以促使孩子智力发展。其原动力就是好奇心。

人性就是如此，对我们来说，“为什么会这样？”“到底是怎么回事？”之类的问题得不到解决，我们就会感到不安。解决了这些问题，则会使我们获得一种安定的情绪。因此，销售人员就可以利用人的好奇心，通过设置“悬念”，引起消费者的注意、吊起消费者的胃口来打开销路、销售产品。

通常，销售人员唤起消费者好奇心的具体办法有以下几种：

提问

人们有一种思维的习惯，就是会对问题不自觉地产生关注。比如，一位销售员对消费者说：“老李，您知道世界上最懒的东西是什么吗？”这种说话方式，很难不引起消费者的好奇。于是，消费者能更有兴趣地听销售人员继续往下讲，而不容易拒绝他。不过，无论是提出什么问题来引起消费者的好奇心理，都应该与推销活动有关，否则无法进入面谈。

隐藏

如果你所拜访的消费者已经掌握了他们想要了解的所有信息，他们还有什么理由非得见你不可呢？因此，销售人员面对消费者的时候，也可以用这种方法，即不要把产品的所有信息都透露给消费者。当部分信息在消费者面前晃来晃去的时候，他们就有想要获得更多信息的欲望。如果消费者开口询问，销售员就达到了主要目的。比如，销售员说："先生，我们的工程师前几天对您的系统进行了一系列测试，他认为其中存在着严重的问题。"如果有人告诉你将要面临严重的问题，你会不会感到好奇？当然会！你一定想知道更多有关的情况。一旦消费者的注意力集中到你的身上，你就可以继续通过询问有关问题来逐步引导销售程序的展开了。

出新

对于新东西，人们都想一睹为快。销售员提供新奇的东西可以激发消费者的好奇心。更重要的是，人们不想被排除在外，所以销售员可以利用这一点来吸引消费者的好奇心。比如："先生，我们将要推出两款新产品帮助需要者从事电子商务。它们对你很有用，您愿意看看吗？"

不过，利用消费者的好奇心进行销售，有时候也会被消费者认为是在耍花招，所以销售人员设置的"悬念"不应该太脱离实际，而且答案也要和消费者的自身利益相关，因为你的答案如果只让消费者觉得你一个人受益而他丝毫无利可图时，就会觉得受到了你的欺骗。没有消费者喜欢被玩弄的感觉，所以，利用好奇心销售要把握火候，不宜太过火。

当你想与消费者一争高下时就已经输了

人们尊重和仰视强者，因为可以从中学到知识和经验，可以让自己少犯错误。但人们也更多地同情和愿意保护弱者，因为这是人类的天性。例如，我们在上学的时候都有这样的感受，如果我们的老师在学生时代很优秀，从来都是第一名，给我们很强势的感觉，那么在我们心中就会产生一种距离感。但是如果我们知道老师在学生时代也曾迟到，甚至有过不及格，那种距离感马上就会消失，觉得老师亲切了不少。

对于销售人员来说，这也是一个很好的心理学启示。即在销售过程中，一味地逞强，处处表现得锋芒毕露未必是好事，若处理不当反而适得其反，引起消费者的厌恶。有时候，适当地向消费者“示弱”反而更易俘获人心。然而，现实生活中，大部分的销售人员却都喜欢逞强而不喜欢示弱，总以强大来标榜自己，想以强大来赢得别人的尊重和崇拜。事实上，这种逞强的人，毫不示弱的人，往往反而让自己的短处暴露无遗。适度的、有策略的示弱，更能取得消费者的理解，也就更能获得生存和发展的空间。

所以在销售中要学会“示弱”，这也是一种销售智慧。当然，这里的示弱并不代表着示真弱，而是要你摸准消费者的思路，采用一种委婉的方法来俘获消费者的心罢了。

一个优秀的皮鞋销售员，就曾经这样定位自己的成功——“不要争辩”，接着他还举了例子来说明：“有些消费者来你这儿买鞋子，总是横挑鼻子竖挑眼，将你的皮鞋贬得一文不值。消费者常常会告诉你哪种鞋子是最好的，价格适中，样式和做工是多么精致，说得头头是道，似乎他们是这方面的行家。在这个时候，你如果和他们争辩是没有丝毫用处的，他们这样讲说到底就是为了用相对较低的价钱买到皮鞋。而这时，你就应该学会示弱了。例如，你可以恭维他的眼光确实很特别，的确是会挑选鞋子，自己卖的皮鞋确有不足的地方，像样式不新颖了，不过鞋跟很稳固，鞋底不是牛筋底，走路的时候不会发出‘笃笃’的响声，但柔软也自有它独到的好处呢……你在承认这鞋子有不足的同时从另外的角度把它的优点夸赞了一番，或许这正是他们中意的地方呢，这样就可以令他们心动。消费者费了这么多的心思在这上而不正好能表明他们对这鞋子很满意吗？”

与消费者相处，若想赢得他们的心，就必须处处让消费者胜过你。正如法国哲学家罗修夫的一句名言：“若想树立一个敌人，只需打败你的朋友就可以了；若要结交一位挚友，就要让对方胜过你。”人人都喜欢占据尊荣的位置，这是人之常情。因此，让消费者胜过你，捧着对方，就是让自己获得好人缘的成功法则。

不过，现实生活中，还是会有许多销售人员抱着幸灾乐祸的态度，一旦消费者不买账就处处刁难，看到消费者遇到麻烦更是乐不可支。殊不知，这样一来，你永远也无法得到消费者的支持和帮助。比如，与消费者聊天，对方高谈自己的光荣历史时，如果你脱口而出：“那有什么了不起，我的过去比你更值得吹嘘呢！”就是这样一句无心的话，会让消费者没面子、寒心，甚至彼此一刀两断。

不可否认，人人都有好胜心，但是作为销售员，当你想与消费者一争高下的时候，一定要懂得隐忍，主动把胜利的位置让给消费者。只要消费者高兴了，再谈生意就变得容易了。

此外你还要注意，情绪冲动或发怒时说的话，对你与消费者的关系有强烈的破坏性。所以在你的脾气将要爆发时，最好远离消费者。记住，没有人喜欢与态度不友善的人交往。如果你强求消费者顺应你的恶劣情绪，谁也不会靠近你。人们都喜欢快乐，所以你必须给人愉悦的体验，而不是把忧伤带给对方。

当然，我们这里所说的示弱也不应该只表现在口头上，在行动上，你同样需要去进行适当地退让。通常消费者都希望以更低的价格获得更好的产品或服务，而销售人员则希望自己提供的产品或服务能够获得更大的利润。在此，销售人员应该知道，自己和消费者之间既存在着相互需求的关系，又存在着一定的矛盾。如果你能把握消费者特别关注的需求，而在一些自己可以接受的其他问题上进行让步，那就会使双方的矛盾得到有效解决。

善用谈判地点，降低消费者的防御心理

古巴导弹危机期间，美苏关系剑拔弩张，为了打破这种僵局，肯尼迪与赫鲁晓夫曾召开了一次高层会议。为了决定会议地点，双方曾互不相让地争执了一段时间，最后采取了折衷方法，决定在中立国奥地利的维也纳召开会议。

他们为什么要这么重视开会地点呢？

其实，这就是关于“地盘”的秘密。

我们知道，动物都有“地盘心理”，实际上，人也是一种有“领域感”的生灵，每个人自身能量的释放与才华的发挥都是同他所处的环境息息相关的。因此，对于销售人员来说，善于利用地盘中的小秘密也是增加成交概率的一个重要方面。根据具体的情况，合理安排谈判地点，尽可能地降低消费者的防御心理，就会使成交不再那么困难。

众所周知，每个人在自己所熟悉的地方都会比较随意、放松，而到了别人的“地盘”，多少都会有点浑身不自在、束手束脚的感觉。因此，如果你想向消费者更好地展示你的产品，或者你的消费者不是

很信任你，你不妨主动请他们到你的“地盘”参观考察，既可以让消费者更多地了解你的产品和公司，你自己也会更自如、更完美地展现商品与销售技巧。

××机械设备公司的销售员，想把自己公司的一批机械设备卖给一家公司，所以多次到客户的公司去谈判，可那家公司的负责人始终不太信任他们公司的设备，所以，一直没有给出明确的答案。正在销售员为此事发愁时，销售经理给他出了个主意，请客户来他们公司参观指导。销售员听从了经理的建议，再一次与客户预约谈判，不同的是这次谈判的地点换成了自己的公司。那天，销售员并没有急于劝说客户签单，而是亲自带客户观看了他们公司设备制作的整个过程。中午吃饭的时候也没有提及订单的事情，只是在客户临走时，询问客户：“您现在觉得我们的产品怎么样？还有哪里不满意的吗？”客户回答：“没有了，我们现在就可以签约了。”

就这样，销售员转换了一下思路，将客户请到了自己公司，使其“身临其境”，从而消除了客户的疑虑，促成了这笔交易。

当然，即使在你的“地盘”上，你也不能自以为了不起。无论什么时候，你都要做到，友好礼貌地接待消费者，维护自己在消费者心中的形象。例如，到了吃饭的时间，不管你与消费者的生意是否谈成了，都要热情地邀请消费者一起用餐。因为“生意不成情意在”，即使你们现在没有达成共识，不代表以后不会再合作。现在做成朋友，以后做生意就轻松多了。

既然每个人都希望在自己熟悉的环境中谈判，那么，你到消费者的单位去谈判也会是家常便饭。所以，你不仅要在自己的“地盘”上做好准备工作，在消费者的“地盘”上也要能够应付自如。

当销售员到了消费者的“主场”时，应该怎么做呢？首先你要做的就是仔细观察，通过观察了解消费者的各方面信息，比如他的态度、他的同事，甚至是他们公司的管理机构。你了解得越细致意味着你谈判成功的概率就越大。

例如，某电脑销售员，为了说服××公司经理购买电脑，多次邀请该经理来他们公司参观，经理都拒绝了。销售员反思了很久，觉得可能消费者是担心到了这里，多少会有束缚感，要是不买产品会不好意思。于是，他改变了策略。他给经理打了个电话，还没等他开口，经理又以没有时间为由，说不能到公司去参观。销售员笑着说："是这样，为了不浪费您的时间，我这次是打算到您公司拜访您，只需要耽误您一个小时。"最后，这个销售员拿到了这个大订单。

销售员深刻地反思了消费者多次拒绝的原因，改变了策略，将地点选在了消费者的"地盘"，这才顺利地达成了交易。可见，销售人员在与消费者进行沟通的时候，也一定要注意地点对消费者的影响，不要因为粗心而丢了生意。

"主场""客场"如果你不好把握的话，还可以借助第三方地盘来促成交易。例如，可以选择咖啡厅或者茶馆谈事情。试想，在一个轻松舒适的第三方环境中，边聊天边谈生意，自然会使消费者心情愉快，成交的成功率也就自然提高了。

此外，饭店也是一个好地方，同样可以帮助我们缓解尖锐的销售难题。很多时候，对于很多棘手的销售问题，在酒桌上，也许碰几杯酒，事情就能迎刃而解。酒精的力量在人际关系中有着超乎寻常的作用。

总之，双方见面地点的选择往往涉及到很多心理方面的因素。在销售中，不同的商谈地点，不同的洽谈环境，谈判的结果自然也不会相同。因此，作为销售人员，一定不要忽视成交地点的作用。并且，还要抓住消费者的心理，以不同的气氛为消费者做好渲染，让他们随时都围绕你的思想转，从而达到你预想的目的。

消费者的兴趣是突破销售的关键点

所谓兴趣，是一个人力求接触和认识某种事物的一种意识倾向。它也从一个侧面反映了人的个性，兴趣也是产生动机的最活跃的因素之一。消费兴趣是指人们需要某一种商品或劳务的情绪倾向，从而成为消费者购买行为的主要动力之一。

实际上，没有人会对自己不感兴趣的事情投入过多的精力，而如果是自己感兴趣的事情则会情绪激昂地参与进来。例如，一个不爱吸烟的人，很难见到他经常去商店购买香烟。相反，一个好美的年轻女子，你可以经常看到她去商店购买款式适时而新颖的服装或化妆品。而这种心理就可以为销售人员在销售中说服消费者时所利用，以主动去迎合消费者的兴趣，拉近与消费者之间的距离，从而实现进一步的交流，为最终的销售铺平道路。

既然如此，那么了解消费者的兴趣所在对销售人员来说就显得极为必要了。这就要求销售人员要有一双善于发现的眼睛，善于在消费者的言谈举止中发现他们的兴趣所在。

例如，有一位推销员准备拜访一家企业的老板，但是想要见到对方是一件困难的事情，因为如果一开始就引起对方的反感，那就注定要失败了。一个偶然的机会，推销员看到附近杂货店的伙计从老板公馆的小门里走出来，于是急忙走过去问候。两个人很快攀谈起来，推销员从伙计那里得知老板的衣服是哪一家洗衣店洗的，并很快找到了那家店铺。在接下来的沟通中，他又确定了这位老板西装的布料、颜色、式样等重要资料。更难得的是，店主还主动提到了老板的领带、皮鞋，以及谈吐与嗜好。这些信息太重要了，推销员喜出望外。过了一段时间，推销员终于找到一个合适的机会，与这位老板展开了深入的沟通，并取得了良好的预期效果。

销售员之所以与消费者沟通起来非常顺畅，正是得益于掌握了对方的兴趣爱好及其他有效信息。当然，光重视消费者的兴趣爱好还不够，以此建立共同的话题，缩短彼此之间的距离，化解双方心理上的隔阂，使销售人员得到消费者的认同和接受，这才是目的。

不过，销售人员每天都会与许许多多的消费者接触，而自己也不是全能的，不是什么都喜欢，什么都知晓，并不能够迎合所有的消费者。这就要求销售人员要博闻强识，了解的东西越多，知识越丰富，就越能够自如地应付更多的消费者。一个优秀的销售人员一定是一本“百科全书”，他们需要懂很多的东西，即使不精通，也要了解大概，一旦某天和消费者谈起，也不会因为自己的无知而冷场，导致交流无法进行。销售人员只有懂得越多，才能找到和消费者的共同点，使彼此相互吸引。

因此，销售人员要想迎合消费者的兴趣，就要不断地为自己“充电”，除了过硬的专业知识素养外，销售人员还应该学习更多的知识，无论是天文、地理、时事、娱乐，还是古今中外的人物和事件，多了解、多积累，说不定哪天就会派上用场，这样也就可以帮助销售人员成功地迎合消费者兴趣，得到消费者的青睐，从而为销售创造出有利的条件。

而且，还有最重要的一点是：想与消费者的独特兴趣建立一种独特关系，必须把你的真实的兴趣表现出来。单单说一句很感兴趣的话是不够的，在对方的询问下，你不能掩饰你缺乏真正的兴趣，免得弄巧成拙。为此，你必须花时间研究对方的兴趣。最有效的方法是加入到对方的喜好中去，真正体会其中的玄机，从而积极主动地掌控局面。

总之，请牢记，消费者的兴趣所在，暴露了他大部分的个性、习惯，以及价值追求。以兴趣点为突破口，投其所好地顺利达成目标，实在是发展关系、完成合作的有效手段。

满足了消费者的私心，也就俘获了他的心

自私，可以说是人的一种天性，尤其是作为消费者时，人们最关心的永远是自己的感受和自己的利益。如果销售人员可以满足消费者的这种私心，那么也就真正俘获了他的心。

消费者往往都会留下免费试用的商品

在产品的宣传活动中，常常会听到销售人员诸如这样的承诺：“消费者可以先免费试用该产品15天，试用期满后消费者可选择无条件退回该产品。”你或许认为商家会收到很多退回的商品。可结果却是，更多的人购买了该产品。

其实这是一种常见的营销技巧，利用的就是“后付款”的诱惑与威力。这里面涉及到消费者的两种心态：

一是禀赋效应，又叫“所有权依赖症”，也就是说，当你把一件商品带回家之后，它已经像是家中财产的一部分了，这使得你不愿意归还而更愿意购买该产品。例如，父母去领孩子们逛街，路过宠物店，孩子们围着小狗不忍离去。店主和小孩家长认识，慷慨地说：“把它带回家去过周末吧。如果它跟你们合不来或者你们不喜欢它了，星期一早上再把它送回来就行。”谁能抵挡这样的诱惑？于是人

们欢天喜地地把小狗带回家了。两天的接触中，他们在不知不觉中发觉这只狗已属于他们了。想还给店主的念头，被离别的痛苦战胜了。

心理学家曾经做过这样一个实验来验证这一效应：

第1组：研究人员准备了几十个印有校名和校徽的马克杯，这种马克杯在学校超市的零售价是5元，在拿到教室之前，标价签已经被撕掉了。研究人员来到课堂上，问学生愿意花多少钱买这个杯子（给出了0.5元到9.5元之间的选择）。

第2组：研究人员同样地来到第二个教室，但这次他一进教室就送给每个人一个杯子。过了一会儿研究人员说由于学校今天组织活动开大会，杯子不够，需收回一些。老师让大家每人都写出自己愿意以什么价格卖出这个杯子（给出了0.5元到9.5元之间的选择）。

实验结果显示：在第1组中，学生平均愿意用3元钱的价格去买一个带校徽的杯子；而到了第2组，当需要学生将已经拥有的杯子出售，出价陡然增加到7元钱。

因此我们可以得出这样一个结论：相对于获得，人们非常不乐意放弃已经属于他们的东西。这种现象就是“禀赋效应”。对于销售人员来说，只要你可以使消费者接受“不满意七天可以退货”的商品，那么，“所有权依赖症”就开始在他身上起作用了，这件商品也就基本上销售出去了。

在后付制销售中，“找短处”心态也在巧妙地发挥着作用。消费者购物时，如果遇到的是先付制，便会担心因选错而为自己增加一定负担，所以他们便会利用“找长处”的心态来解决这一问题，因而常常自问“这个东西确实最好吗”“现在必须要买它吗”，然后尽量慎重地消费。但在进行后付制订购时，消费者最常持有的心态则是“它有必须退货的缺陷吗”，即，自然而然“找短处”的心态。

这一心态，在心理学上也是通过一个实验证明的：一对夫妇因无法解决家庭矛盾而决定离婚，围绕着儿子的归属及养育权问题，二人闹上法庭。如果你是该案件的陪审员，要依据以下条件，将养育权判给谁？

甲方：收入一般；健康状态一般；业务量一般；与孩子的关系一般；社会生活一般。

乙方：平均以上的高收入；略有健康问题；频繁的业务出差；与孩子的关系亲密；社会生活活跃。

据普林斯顿大学艾尔达·沙弗教授的研究团队研究显示，约有64%的人决定，将养育权交给乙方。那么，假设法官对陪审员提出的问题，不是“养育权判给哪个父母”，而是“养育权不能判给哪个父母”，又会如何呢？如果心态并不重要，无论是肯定的提问、还是否定的提问，都应该得到相同的答复。再者说，既然有64%的人决定将养育权判给乙方，所以应该是36%的人决定不能判给乙方对吧？可实际结果却是，足有55%的人决定养育权不能判给乙方。曾有一半以上的人认为应该将养育权判给乙方，现在又有一半以上的人认为不能将养育权判给乙方。

为什么会出现如此矛盾的结果呢？这是因为，从陪审员的立场上来看，他们听到“养育权不能判给哪个父母”时，“找短处”的心态就会被激发出来。所以很显然，乙方无法好好照顾孩子——频繁的出差、社会生活也活跃，如此看来他与孩子在一起的时间一定会受到限制；相反，当被问及“养育权应该判给哪个父母”时，被激发出来的则是“找长处”的心态，这样乙方无疑是最佳选择——高收入、与孩子间的亲密关系，因此乙方理应拿到养育权。

因此，除非发现不可原谅的缺陷，否则消费者们一般不会要求退货。其实，在打算使用后付制订购时，消费者一般都在想“不喜欢就可以退货”。但一旦订购物入手以后，他们的心态就会由“有非要购买的价值吗”转变为“是否存在必须退货的缺陷呢”。

基于消费者的这两种心态，聪明的销售人员就可以经常利用“后付款”的诱惑与威力来提升自己的销售业绩。

“巧合”会减轻消费者的心理负担

销售人员：“近来身体还好吧？”

消费者：“好，谢谢您！这个月的业绩不错吧？”

销售人员：“不错，我很有信心。上次推荐给你的洗发液好用吗？

消费者：“好用。你们的沐浴露怎么样？”

销售人员：“很好，含纯净甘油及天然蜂蜜，我哪天去你家，送你一小瓶试试？”

消费者：“嗯……算了，我最近一段时间都比较忙。以后再说吧！”

明明想了解产品，却放弃了解的机会，是不是有些奇怪？

销售人员肯定也遇到过这样的消费者：无论你打了多少次电话，说要登门拜访或去他家附近见面，对方都迟迟不肯答应会面。但在电话中听来，却又不是不想见你。

其实，如果你了解了这类消费者心理之后，就明白了。他们之所以会拒绝你，原因多半是：你的行为让他们有了某种顾虑。你提出请求，为对方考虑，专程上门拜访或以对方方便为宜，这的确让人感动，但是，无形中，也增加了对方的心理负担。因为一般来说，这种消费者在心理上大多比较软弱和善良，正是因为他们的性格因素，决定了他们既不喜欢麻烦别人、欠别人人情，又不好意思拒绝别人的请求。于是，这使得他们把销售人员提出的“专门”拜访当成了一种心理负担。对方会想，你特意为这一点点事情跑一趟，既耽搁了时间，又耗费了精力，如果自己不能满足你的要求，不能让你感到愉快，心里会很内疚，会觉得反倒欠你人情。更有甚者，可能怀疑，为一点小事专门跑一趟，你会不会有什么别的企图？这样，对方可能会对你怀有戒心。结果，对方又怕欠人情，又心怀戒备，如果还有别的事情缠身，很可能就在电话里直接谢绝了你的好意。

那么，如何消除消费者的这种顾虑呢？

与这样的消费者见面，最好的办法是避免与对方约定确定的会面日期，强调“巧合”，用“碰巧”“可能”“刚好在附近”等话引出你的请求。告诉对方：“碰巧我朋友家离您那不远，我顺路见你一面，可以吗？”“对了，过两天我刚好有机会到你家那片去。”“我可能会到附近去拜访，到时如果你有空的话，可以跟我见个面吗？”……这样的请求与劝说，往往能够轻轻松松地打动对方的心。消费者会想：不是专为我来的，那就好，来就来呗。

当然，答应见面并不意味着拜访目的的实现。去拜访，最好瞄准对方可能最方便的时间，如果在闲聊之中，能够打探出“您通常什么时候比较方便”，达成拜访目的的可能性就更大了。

或者，还可以利用消费者“小秘书”或是朋友的情报，得知消费者的出行计划，制造合理的“巧遇”。之后见到对方，第一句话最好说“真是巧，……”那么消费者也许就会认为：“真的好巧，他和我在一家餐厅吃饭！”“他也喜欢钓鱼？挺有品位的嘛！”“他找了我这么久原来我们是一个健身俱乐部的会员啊！”这样，消费者就会从心理上找到心有灵犀的感觉，你还愁签不到订单吗？

不过，不管是哪种方式，一定要注意，你假装的“巧合”，一定要合情合理，这样消费者才可能按着你期待的方向走下去。否则，很容易引起消费者的怀疑，继而反感、愤怒！

刺猬法则：尊重消费者的“私人空间”

心理学中有一个“刺猬法则”，它来源于西方的一则寓言，说的是在一个寒冷的冬天，两只刺猬被冻得浑身发抖，为了取暖，他们只好紧紧地靠在一起，而相互靠拢后，又因为忍受不了彼此身上的长刺，很快就又要各自分开了。可天气实在太冷了，它们又靠在一起取暖。然而，靠在一起时的刺痛使它们不得不再度分开。挨的太近，身上会被刺痛；离的太远，又冻得难受。就这样反反复复地分了又聚，聚了又分，不断地在受冻与受刺之间挣扎。最后，刺猬们终于找到了一个适中的距离，既可以相互取暖，又不至于被彼此刺伤。

它强调的就是人际交往中的“私人空间”。任何一个人，都需要在自己的周围有一个能自己掌控的自我空间，没有人能容忍他人闯入自己的空间，即使最亲密的两个人之间也是一样。这个空间就像一个充满了气的气球一样，如果两个气球靠得太近，互相挤压，最后的结果必然是爆炸。

体现在营销关系中，就是销售人员应该尊重消费者私人空间不可侵犯的普遍心理，随时注意与消费者之间的距离，给消费者创造一种轻松、愉快而又亲切的环境，为下一步的销售工作打下伏笔。

不过，对于销售人员来说，这个尺度的拿捏可是个“精细活”：离消费者太近，他们必然会产生压抑的心理，离消费者太远，又无法和他们亲密地交流。那么，如何才能做好这一点呢?

这就要从两方面注意，因为消费者的私人空间，既包括物理空间，也包括心理空间。

与消费者保持1米以上的距离

让我们先看看下面这段对话：

副经理刚送走某公司的销售员，笑容立刻消失了，转身对总经理摇摇头。

副经理：“这家公司不行，规模一定不大，一看就没有大公司的样子。”

总经理：“何以见得？”

副经理：“刚才那名销售员一直把身体贴得很近地跟我说话，我都看见他的头皮屑了。套近乎也不是这么个套法吧。”

总经理：“嗯，有道理。”

就算你不介意自己的头皮屑被看到，别人还介意你身上的“跳蚤”跳过去呢！可见，销售人员一定要把握好与消费者的距离，给消费者充裕的物理空间。

一般来说，无论坐在你对面的消费者是同性还是异性，你都需要与之保持身体上的一段“安全距离”，与不熟悉的消费者保持一米以上的距离，是比较合适的。如果是在消费者的办公区域内拜访，消费者的办公桌范围就是安全距离界限。不要四处张望，不要随意走动，更不要偷窥消费者的电脑屏幕与文件夹，当然，也不要冒失地拿起桌上的小摆设，这些都是不礼貌的行为。

避免与消费者谈论过于私密的问题

与消费者谈话的过程中，避免谈论私密问题，也属于私人空间成交法中不可缺少的一部分。即使有时候，有些话题是消费者发起的，你同样也要注意不能随意议论别人的“软肋”，因为你们毕竟不是发小知己，只是工作关系，且涉及很多利益问题，靠得太近，只会激起防范心理。

你可以参考下面这个优秀销售员的做法：

消费者："最近心情很糟糕。"

销售员："×总，怎么了？能让我帮您分担一下吗？"

消费者："我老婆太任性了，最近没事找事跟我吵架。我整天在外奔波，不都为了这个家吗？你给我评评理。"

销售员笑了笑，没有说话。消费者看着销售员的反应，也感觉说多了。

销售员："×总，我们喝茶。"

消费者："好，喝茶。"两个人又聊起别的话题。

这个销售员之所以受人喜欢，可能原因就在于他明白什么话题自己可以发言，什么话题自己要规避，坚决不介入消费者的小世界。事实上这也应该是销售人员最聪明的做法。

其实，跟消费者聊私事也可以作为辅助手段，和他们聊些轻松的话题，增进一下友谊，也无可厚非。但是，作为一个销售人员，你要切记，聊工作内容才是你要做的正经事。当消费者和你谈到私密的事情时，比较明智的做法就是巧妙地转换话题。你知道的事情越多，跟消费者的关系越复杂，就越不好处理。

总之，尊重消费者的"私人空间"，关键就在于"度"的把握。而度在哪里，有时也会因人而异。善于揣摩消费者心理的销售高手，可以轻易地让消费者保留适当的私人空间，又在消费者身上开辟出一块大大的工作区域。只有反复练习、思考、总结，才能悟出其中的奥妙，提高以后销售的成交率。

一致效果可以增强消费者的信赖感

虽说“良药苦口利于病，忠言逆耳利于行”，但从心理学角度而言，人们对于和自己的主张不一致的说法以及反对意见，都相当敏感，比如类似下面这样的说法：

“是这样吗?”

“我不这么认为。”

“我感觉不太对。”

不管是谁，如果遭到了这样的反驳，感觉肯定好不了，还可能破坏自己的情绪。如果一个人的情绪变坏了，那后面的交流必然也不会愉快。

反过来说，如果对方的意见与自己一致，我们就会对对方产生奇妙的认同感，或者说是同感，美国得克萨斯大学的乔纳森·考拉教授将这种现象命名为“一致效果”。

因此，作为销售人员，我们就要在交流中，多说一些肯定性的话，肯定消费者的为人、能力、处事，哪怕是衣服，那么在一致效果的作用下，就能增强他们对我们的信赖感，这往往会对交易的顺利进行起到非常重要的作用。

某人决定买一辆新车，于是，他开着原来的旧车来到车行选购。车行销售员替他打开车门后说：“呦，您这车子可真够漂亮的啊，在我见到过的二手车子中算好的。”他一听销售员说自己的车子漂亮，连忙表示感谢，并且说自己也非常欣赏这辆车。销售员接着说：“这样吧！让我把估价员叫来，看看我们能给您这辆好车付多少钱。如果这辆车的机器也像外表一样好的话，今天就可以作成贴旧换新的交易，包您满意。”估价之后，销售员再次重复说：“先生，这确实是一辆好车。机器的情况比外观还要好。”他顿了一下，接着说：“当然，请不要误会，我很高兴您能到这里来，但我又有点儿好奇，您为什么在这个时候要把这么漂亮的一辆好车换掉呢？”其实，销售员心里非常清楚对方打算换一辆汽车，就一定有他自己的道理。果然这个人说：“实话告诉你吧，大约再过三个礼拜，我们要去×地举行一次家庭大聚会，我想如果能驾着一辆凯迪拉克牌子的汽车去那里，就太完美啦！”

销售员一听，马上就表示他此举会在那次聚会中非常有面子，并开始计算。几分钟后，销售员以激动的声调说：“先生，报告您一个好消息，由于您那辆车的状况良好，与众不同，您只要再付462145元，就可以换一辆新的凯迪拉克啦！”尽管这个价钱超出了他的预期，但是刚才和销售员交流的比较愉快，且拒绝了面子上也过不去，所以这个人最终平静地接受了这笔交易。

当我们以一种肯定的态度与他人说话时，很容易获得对方的好感。所以，在销售中，销售人员应该给予消费者多一些肯定，一两句肯定的话不会费很多事，却会起到意想不到的效果。

你可以试试在这些地方下下工夫：

认同消费者的观点

消费者的观点或许并不一定正确，但是要想让消费者认同你的观点，你就得先“认同”他的观点。这样作为“礼尚往来”，消费者才可能放下戒备心理，从而开始试图接受你的观点。如果某些销售人员只是为了逞一时英雄、图嘴上痛快，而去出口否定消费者的观点的话，后果可想而知。

理解消费者的心情

人人都渴望被理解。而且，人们往往对于能够理解自己的人会产生一种莫名的亲切感。所以，销售人员应该尽量站在消费者的角度，理解他们的心情，掌握他们的心理，从而引导其达到自己的目的。

感谢消费者的建议

消费者的建议往往是其内心最真实的需求。有时候消费者提的意见连专家都想不到，它独特而真实，蕴藏着巨大的商机。所以，学着感谢消费者的建议，不但能给消费者留下一个好的印象，也能使自己的销售水平得到提高，甚至还有可能开创出新的市场。

“参与感”激发出消费者的购买热情

心理学认为，喜欢参与是人类的一项特点，参与到某活动中会让一个人感觉到自己的重要性，增强存在感；同时也能感受到来自他人的尊重和信赖，从而激发出热情。

前苏联有一位画家每次给小说画插图时，总是在插图的一个角画上一只狗。负责书稿的编辑当然坚决要求删除这条不伦不类的狗，而画家则“据理力争”，要求保留这只狗。但苦于辩驳不过编辑，最后才“迫不得已”忍痛割爱。

结果，插图的其他部分在几乎没有什么改动的情况下就发表了，画家达到了他真正的目的。画家为什么要多此一举画只狗呢？实际上，这个画家的目的很明显，在保证画的真正内容不受损害的情况下，给编辑一点“参与”的方便。

当然，在销售活动中，这一原理也同样奏效，例如，某年美国市场出售速成蛋糕粉，只要加水就可以和好面粉送入烤箱，主妇们非常抵制。后来配方加以改动，要求主妇在其中打入鸡蛋，结果就大受欢迎。还比如，我们会发现，在高级餐厅中，桌子上摆的胡椒粉和盐瓶子，大都是手动旋转，然后磨碎洒出来。而低级一点的餐厅则是现成的胡椒粉和盐。这同样体现了“参与感”的重要性——在商品中加入一定的人类劳动，就可以得到更多的认可。

因此，作为销售人员，我们应该想方设法让消费者参与到我们的销售活动中。

除了可以让他们自己动手这一点之外，让消费者参与对所售产品的评判，也是一个很有效的方法。

事实上，若能让消费者参与对所售产品的评判，就会大大增加消费者对产品的了解，增强他们对产品使用的信心。另外，还可以使消费者获得重视感，这一点对交易的顺利开展十分有利。

A 市最大的民营医院为了满足市场需求，准备购进一批 X 光机。院方把这项采购任务交给了医院照射科的一位主任。消息传出后，这位主任每天都被多个 X 光机生产厂家的销售人员包围。这些销售人员在这位主任面前不停地夸奖他们推荐的机器设备有多先进，有多灵光，这位主任不厌其烦。

有一名销售人员却与众不同，他设法见到这名主任后没有像其他销售人员那样滔滔不绝地介绍产品，而是对主任说："谢谢您在百忙之中给我这段时间，我简单说，我们公司生产出一套新的 X 光机，十全十美自然是不敢说的，它肯定有不足之处，因此我们想更好地完善它，改进它，现在我们需要一个专家来对这款新机器进行一个科学的评价，以便我们能够知道如何才能使它变得更好。因此，想请您百忙之中找个时间帮我们去测验一下，看看如何改进，才能更有利于您这一行业的要求，您的宝贵意见对我们十分重要，定会让我们的机器更完善。我们知道您非常忙，所以会在您方便的任何时候恭候您，我们非常想听到您的指教。"

这位主任听后，脸上露出高兴的神情，对这名销售员说："你这么说出乎我的意料，这让我感觉我很重要。说实话，到目前为止，还没有任何一个 X 光厂商向我请教设计制造方面的问题，你是第一位。

确实，我的时间很紧，我非常忙，但为了这份信任，我决定推掉明晚的私人约会，而去看你们的机器。”

第二天下班后，这个主任果真没有去赴私人约会，而是随着这名销售人员去看他们新生产的X光机。在看过机器后，这个主任给予了高度肯定，并认真地提出了几点意见。沟通在友好的气氛下进行，最后，这个主任决定向这家厂商购进一批这种型号的X光机。

希望上面的这个例子能给你一些启发。其实从一定角度来讲，产品的好坏就是由消费者决定的，那么销售人员就应该想尽办法为消费者亲身感受产品的功效而创造机会。这样他们才会更加懂得商品的真正价值，更深刻地体会到自己拥有这一商品的实实在在的好处，从而极大地促进其做出购买的决定。

而你的任务就是：在这个过程中，掌握让消费者参与的最佳时机，在最佳时间让他们参与进来，并且恰到好处地让消费者感觉到产品的优势，从而有效地推动交易进程。

千遍也不厌倦的唯有自己的名字

销售中还有一种技巧也是利用了消费者的自私心理：那就是记住消费者的姓名。因为每个人的名字，对他自己来说，都是最甜蜜、最重要的声音。如果与曾打过交道的人再次见面，能一下被对方叫出名字，一定会感到非常亲切，对对方的好感也油然而生。从这个意义上来说，消费者的名字，就可以作为销售人员攻心时的咒语：只要你能记住消费者的名字，他就会记住你。

泰国的东方饭店是一家已有110多年历史的大饭店。而这家饭店这么多年以来，几乎天天客满，不提前一个月预订很难有入住的机会。一个饭店能经营到这种程度，自然有其特殊的经营秘诀。除了饭店的住宿、餐饮、娱乐等消费的环境让人备感舒适和享受以外，还有一个重要的小细节让只要来过这里的消费者，都愿意再次光顾，那就是——记住他们的姓名。

饭店规定，楼层服务生在头天晚上要背熟每个房间客人的名字。比如，史密斯先生入住了这家饭店，早上起床出门，就会有服务生迎上来："早上好，史密斯先生！"当史密斯先生下楼时电梯门一开，服务生问："史密斯先生，用早餐吗？"当史密斯先生走进餐厅，服务生就问："史密斯先生，要老座位吗？"饭店的电脑里记录上次史密斯先生坐的座位。菜上来后，如果史密斯先生问服务生问题，服务生每次都会退后一步才回答，以免口水喷到菜上。当史密斯先生离开，甚至在若干年后，还会收到饭店寄来的信："亲爱的史密斯先生，祝您生日快乐！您已经5年没来，我们全饭店的人都非常想念您。"

记住名字，虽然这只是一个小小的细节，但在消费者心里却是十分重要的。难怪公关专家经常强调，从事服务业的人，只要能记住消费者的名字，消费者就会跟着你走。

了解了消费者名字的重要与价值之后，我们就得进一步设法牢记别人的姓名。

也许会有人说："我就是记性很差，老是记不住别人的姓名。"或是说："我的记忆力不好，因此人跟名字就是对不起来。"或者说："我太忙了，实在没有时间记住他们的名字。"不过，真的是这样吗?

其实，多数人不记得别人的名字，只因为不肯花必要的时间和精力去专心地、重复地、无声地把名字根植在他们的心中。雪佛兰通用汽车分公司的总经理巴布·兰德能记6000个人的姓名；美国前邮务总长杰姆能牢记50000个人的姓名！

或许你又会说，巴布、杰姆都是特例，一般人做不到。但我只想告诉你，不要再为自己编造借口了！其实，记人名就跟背英文单词一样，只要肯用心，下苦功，必有所成。

要牢记人名，可参考下面三个方法：

一是用心仔细听。把记别人姓名当成重要事情去做。每当认识新朋友时，一方面要用心注意听，一方面要牢牢记住。若听不清对方的大名，请立刻再问一次。切记！每一个人对自己的名字，比全世界的所有人名合起来还关心。

二是利用笔记，帮助记忆。别信任自己的记忆力，在取得对方名片之后，必须把他的特征、嗜好、专长、生日等写在名片背后，以帮助记忆。当然，若能配合照片另制资料卡，就更理想了。

三是重复一个人的姓名，能够帮助记忆。因此，在初次谈话中，应故意多叫几次对方的大名。如果对方的姓名很少见或很奇特，不妨请教其写法与姓名的来历。

总而言之，名字，虽然只是人的代号，却最直白地把人和人做了区别。记住别人的名字，尤其是没有打过几次交道的人的名字，就会使你的销售工作有意想不到的收获。

消费者对你的好感源于你喜欢他的样子

人往往会把自己当成世界的中心，把自己作为衡量一切的标准。人的这种本性决定了，当人们发现一个人喜欢自己，不管对方客观情况怎样，都会无条件地喜欢对方。

对此，心理学家曾做过实验，他们安排互不相识的被试者分别参加一系列合作性活动。每次交往以后，有意安排一名被试者（研究者的助手）对研究者评价其他被试者（真被试），或夸奖，或抱怨，或先褒后贬，或先贬后褒，并让各组被试者听到。

最后，被试者自己选择下一阶段实验的合作者时，受到表扬的被试者，都倾向于选择原来的伙伴（研究者的助手），而受到抱怨的被试者，则倾向于拒绝选择原来的搭档（研究者的助手）。

心理学上对此的解释是，任何人都有保持自己心理平衡的稳定倾向，都要求自身同他人的关系保持某种适当性、合理性，并根据这种适当性、合理性使自己的行为以及和别人的关系得到调整。这样，当别人对人们做出一个友好行为，对人们表示接纳和支持时，人们会感到"应该"对别人报以相应的友好应答。这种"应该"的意识，会使人们产生一种心理压力，迫使人们也表示相应的接纳行为。否则，人们的行为就是不合理、不适当的，就会妨碍自己以某种观念为基础的心理平衡。

除了这种"善意回报"心理之外，还因为喜欢我们的人会使我们体验到愉快的情绪。只要一想起他们，就会同样想起和他们交往时所拥有的快乐，因而看到他们就自然有了好心情。更重要的是，那些喜欢我们的人，使我们受尊重的需要得到了极大的满足。因为他人对自己的喜欢，是对自己的一种肯定、赏识，说明自己对他人或说对社会有较大的价值。

所以，如果你想让你的"目标人物"喜欢并尊敬你，就要先让他知道：你喜欢并尊敬他。也就是说，作为销售人员，你大可善于利用这个心理效应，去赢得消费者的好感，从而说服对方购买你的产品。

不过，作为推销员，每天要面对许多从未谋面的人。我们不可能对所有的消费者都抱有好感，但即使我们不喜欢一个人，也最好不要表现出来。非指示治疗法的创始人C. R. 罗杰斯曾经说过："心怀'无条件的好感'去面对对方吧！对方必会敞开心扉，对您怀有好感。"当你面对一位抑郁的初见面者时，可以反复在心中默想："他是好人！"这种感觉不知不觉地也会感染对方，使其心胸敞开。相反，如果我们想"真是个讨厌的家伙"，原本不怀敌意的对方就会真的如我们所想，变成讨厌的人，就会对我们怀起敌意。

当然，如果你对对方的好感，没有传达给对方，那就是无效的。只是在心里想“这个人不错”是不够的，一定要把这个意思传达给对方，才能产生效果。

世界上最了不起的卖车人乔·吉拉德成功的秘诀之一，就是让消费者喜欢他。为此，他会去做一些看上去费力不讨好的事情。比如，每一个节日他都会给他的1.3万名顾客每人送一张问候的卡片，卡片的内容随季节而变化(新年快乐，情人节快乐，感恩节快乐等等)，但卡片的封面上写的永远是同一句话：“我喜欢你。”用乔·吉拉德自己的话来说：“卡片上除此之外就没有什么别的东西了，我只是想告诉他们我喜欢他们。”

乔·吉拉德正是借助于这种方式使他每年的收入都超过20万美元，创下连续12年都赢得“销售第一名”的纪录。他平均每一个工作日都会卖掉5辆车，被吉尼斯世界纪录称之为世界上“最了不起的卖车人”。

除了这种“直抒胸臆”的表达方式，我们还可以这样做：“我一向比较怕生，但是见到××先生，却一点也不觉得拘谨”“见到您，觉得心里很踏实”。你可以通过这样的话，把自己对对方的好感暗示给对方。只要对方不是特别讨厌你，也会立刻喜欢你的。

我们还可以暗示对对方感兴趣。“你的个性怎么样”“中午吃的什么呢”“有没有孩子”，对对方的这些细微的问题表现出兴趣，可以暗示你喜欢对方、关注对方，就更容易得到对方的喜欢。

你还可以把你对人家的喜欢、尊敬，诚恳地告诉第三者，比如你们共同认识的人。一旦该信息传到对方耳中，他对你的态度一定会变得更好。

总之，“喜欢是会传染的”，只要你表现出喜欢消费者的样子，往往就会让消费者对你产生好感、接受你，这样你的生意才好做。

第四章 打消消费疑虑

——仅以成败论英雄，临门一脚要踢好

消费者与销售员之间是一场仅以成败论英雄的博弈，没有成交，销售过程再顺利也是白搭。而要想踢好这“临门一脚”，核心就是要善于巧妙地去化解消费者的疑虑。只有让消费者安心，你才能赢得这场博弈的胜利。

与消费者打好关于价格的心理战

虽然“报价”在整个销售流程中的操作相对简单，但交易双方对价格的争夺最少占据整个谈判期间70%以上的工作内容。如果销售人员不想“栽”在这个阶段，就要与消费者打好这场关于价格的心理战。

标价牌的错觉能给消费者更大满足

消费者的很多消费决策都会受一些无关参考值的影响。例如，他们总是不可避免地会拿现在的价格与原来的价格比较，并从它们的差额中得到满足，即获得交易效用，然后做出购物行为。因此，销售人员大可在标价签上做文章，利用心理错觉带给消费者更大满足。

数字错觉

大家都知道，整数计算起来十分方便，可是，在零售现场，您几乎找不到用整数标价的商品。198元绝不会标成200元，16.80元不会标成17元。这不是商家自找麻烦，而是商家的精明。数字的心理意义在于以下方面：

一是先入为主的心理作用。根据先入为主的概念，198就是100多，而201则是200多。这样使人产生相差很大的感觉。在标注折扣范围的时候，也是同样的道理，3¯8折，一定会将3折写在前面，而不会是写成8¯3折，将8放在前面。

二是四舍五入的心理概念。由于人们将四舍五入作为数字处理的基本原则，被广泛应用，在判断价格的时候也不例外。14.80元与15.10元感觉一样吗？14.80元感觉是10元出头，15.10元则像是快到20元。因此，消费者心中有一个明确的高中低价格表，分别对应不同的数字与单价，了解这方面的资讯对于定价很重要。

颜色错觉

在百货公司里，无意间听到一人如此说："商店促销时不是都会贴黄色传单吗？我每次看到这种传单，都会被它吸引，觉得里面东西一定便宜，不进去买点太可惜！所以我就进去，一买便是一大堆。可是，一回到家我又后悔了，因为大部分的东西我现在用不着。"

就心理学研究来说，这段话意义非凡。通常，黄色总会予人不好的联想——如"黄色小说""黄脸婆"等。人们对黄色"轻视"的现象也是非常普遍。例如，买车不买黄色汽车，看书排斥黄色书刊。在美国，甚至凡是内容开放，纯趣味性，但却被人瞧不起的大众报纸均被称为"黄纸报"。就拿汽车销售传统来看，六成以上的消费者都会指定要买白色汽车，而黄色汽车总是无人问津。

同样的道理，出版业界为使定价高的书看来有便宜的感觉，就会花工夫把纸张漂白，引诱人们产生价钱合理的错觉。而将特价商品的标价牌做成黄色，原因也在此。

写法错觉

商品促销时，仅是标价牌的写法也足以影响销路。

例如，我们常常见到在减价促销的广告中，旧的价格被写在新的价格旁边并被划去。通常，划去的原价是个整数，而新的价格是以9结尾的。而这个小细节让你觉得两个价格之间有很大的差距，以此你认为买下它是再合算不过的了。

而且，原价往往是印刷体，折扣价则是在旁边用笔写上的。这种做法是因为印刷体给一般人的印象是正式的，权威性的，昂贵的；而手写出来的数字常予人有非正式的，特别的，便宜的感觉。因此，即使是价钱相同的东西，商家多喜欢用这种方式使商品看起来廉价。

总而言之，这些做法的目的，都是为了让消费者感知此时的商品相对于平时来说，价格低了一些，这些错觉的产生会让他们获得更大的满足，那么，他们就会抓住这一机会大量购买。

“大钱”化“小财”淡化价格敏感度

无论什么东西，也无论定价是多少，只要你在市场上出售，总会有人说价格太高。“太贵了！”这恐怕是任何一个推销员都曾遇到过的最常见的异议。消费者还可能会说“我可以以更便宜的价格在其他地方买到这种产品”“我还是等价格下跌时再买这种产品吧”“我还是想买便宜点的”等等。

这种情况下，除了向对方证明你的产品值那个价格外，还可以采用化整为零法，即将“大钱”化成“小财”，从而淡化消费者对于价格的敏感度。

这其实是有心理学依据的。心理学家研究发现，人都有这样一个奇妙的心理：就是对一个数字觉得很大时，如果把它拆分开来，就不觉得很大了。比如，消费者乍听到某件产品的价格时，觉得很贵，为此产品支付这个价格不值得。可是，当销售人员给他算出他每个月或者每天甚至每小时为这个产品支付多少钱时，他就会将这笔支出与意识中的小支出做比较，认为它是一种小财，就会觉得这个价格并不是那么难以接受，其实它还算合理。并且，消费者最终很可能接受这个产品。

从具体的方法上来说，销售人员可以这样做：

价格细分

要想把价格化大为小，最常见的就是把价格按使用年限分解。销售人员告诉消费者虽然价格贵一点，但使用时间长，平均下来每年或每日所花的钱并不多。这样做就可以大大降低高昂的价格对消费者的心理冲击，消除消费者的抵制心理。就如同36000元/年与3000/月带给人的感觉不同一样，让消费者切实地认识到开出这样的价钱是值得的。

差额比较

当消费者对价格感到不满时，销售人员可以引导消费者说出他们认为比较合理的预期价格，然后针对产品价格与消费者预期价格这个差额对消费者进行有效说服。

采用这种方法最大的好处是，一旦确定了价格差额，商谈的焦点问题就不再是庞大的价格总额了，而只是区区小数的差价。这时，你再进一步澄清产品价值，把消费者的注意力吸引到产品的价值或拥有产品后获得更大的价值上来，消费者可能就不会过于坚持了，会有效促进成交的完成。

分期付款

消费者看到了高价商品，即使心里很喜欢，也往往都会被价格吓跑。为了抓住这些对商品心动却对价格却步的消费者，销售人员可以以提供分期付款服务的方式来留住他们。例如，现在我们无论买房子、买汽车甚至买家电，都可以分期付款。这种方法使本来很大的一个数字，让大家感到并不难以接受了。细水长流，就觉得轻松多了。

总之，价格问题对消费者来说，永远是最敏感的。那些聪明的销售人员，总是想尽一切办法去激发消费者们的小财心态，目的就是要让消费者的注意力从一个较大的数额转移到一个比较容易接受的小数额上来。“原来并不贵”的念头就会令他们心有所动，而且，消费者一般也不会为了最后的那一个小数额而与销售人员斤斤计较的。

销售结果取决于你的要求夸大了多少

通常情况下，消费者往往不相信销售人员第一次给出的价格就是最低价格，所以，如果你不给他们留有议价的余地，他们便不会心甘情愿地购买。正如美国政治家亨利·基辛格曾经说过："销售谈判的结果取决于你的要求夸大了多少。"如果你一下子就给了消费者最优惠的价格，消费者就没有什么要和你谈的了，也不会有较大的心理成就感。

这也就是说，你的报价一定要高于实价。这样，如果消费者在购买商品时，因为他的努力探知了较合理的价钱，并以砍掉部分水分的合理价格成交的话，在他的心理层面，就会有获利的心理满足感。

不过，要想让消费者在讨价还价中获得心理上的满足，销售员还应该掌握一定的技巧，找到双方都能够接受的结合点，实现双赢。

不做毫无理由的让步

"这件衣服多少钱？"

"300元。"

"是这个价吗？"

"你要是真的想买，算你250元好了。"

一些缺乏经验的销售人员一定犯过类似的错误。这样的让步可以说是毫无道理的。消费者只是随便问了一句，销售人员便降价50元，这等于告诉对方原来的标价水分实在太大。消费者也许会狠狠砍价，但更可能会掉头就走了。

俗话说，"天上不会掉馅饼"，所以在销售谈判中也绝对没有无理由的让步。可以试想下，如果你的商品和服务没有任何问题，为何要做无条件的让步？是不是你心中有鬼，却不好公开？当你对消费者做出单方面无条件的让步时，他们会这样去想，不信任感会加强。不但不会促进交易，还会让消费者在心底对商品的价值大打折扣，心理满足感更无从谈起了。

如果加上一定的限制条件，对方便相信你的提议不是单方面让步，你对你的产品或服务充满信心，它们值这个价钱，消费者也会因此感觉这是合理的。例如，还是上面的事例，你可以说“如果你可以买两件，就按280元一件卖给你”。用上“如果”这两个字后，对方会感觉你的提议是童叟无欺、合情合理的。

此外，还要注意，这种让步还要在消费者主动做出让步后或者是在你必须做出让步来继续洽谈的情况下，否则最好不要先提出让步。

不要接受消费者第一次还价

一定要记住：消费者第一次开价或还价的时候，不管消费者开出的价格是否符合你的预期，都不要轻易接受。一旦你接受了消费者的第一次出价或还价，也就使自己陷入了被动，会失去为自己争取更多利益的机会。要知道，第一次还价或出价只是消费者的试探而已，一旦你接受了，消费者就有可能得寸进尺或者对你的商品产生怀疑。

作为销售人员，刚开始与消费者谈判的时候，很容易忽视消费者的这种心理，造成销售上的失误。例如，一位消费者对服装销售人员说：“我非常喜欢这件衣服，也是诚心想要购买，你就便宜一点，50元钱卖给我吧。”销售人员说：“好吧，看您这么喜欢，就按照您说的价格吧！”这时，消费者有可能会产生两种想法：第一，这么爽快就答应了，难道这衣服有什么问题？我最好还是不要了；第二，答应得这么爽快、看来我说错价了，多给了不少！不行，我可不能吃亏，我得再向他要点赠品。

所以，作为销售人员，在消费者第一次开价或还价的时候，不管他们开出的价格是否符合你的预期，都不要轻易接受。而且，此后的每一次让步都应尽量微小。因为你需要通过让步来传递某种信息：一次一点微小的退让，可以让消费者认为你是一个变通、不死板的人，并且非常尊重他，每次退让都是在为他做“巨大的牺牲”。

总之，只有尽量让自己在接受消费者的价格时显得困难一些，消费者才会心满意足、高高兴兴地掏钱购买你的商品。

排除消费者心理异议，加速交易进程

在销售的过程中怎样迅速有效地消除消费者的顾虑，对销售人员来说是十分必要的。探查清楚消费者的心理根源，不管是因为价格因素，还是因为产品质量，抑或是服务态度，只有针对消费者的犹豫心理给予专业的释疑解惑，才能推动交易实质性向前发展。

“威胁”策略可缩短消费者考虑时间

有些消费者对于产品的挑剔简直让人无法想象，有时候，销售人员再能说，再会说，他们还是无动于衷。面对这种消费者，我们必须改变策略，学会适时地“威胁”他们，给一个“假如您不买我们的产品，您将受损失”的暗示，有助于打动消费者的心，这样才能使消费者下决定签单。

一个最有效的方式就是制造一种“稀缺效应”。你一定听过《伊索寓言》中的这个故事，说的是一只饥饿的狐狸路过果林，看见架子上挂着一串串葡萄，垂涎欲滴，却摘不到，只能悻悻地离开，同时嘴里嘟囔着：“葡萄还是酸的！”而这句话的言外之意就是，吃不着或者不够吃的葡萄，人们才觉得是最甜的。如果销售人员可以利用这个故事中的心理学原理，例如对一种商品在时间或者数量方面限制，往往能勾起消费者的购买兴趣，缩短消费者的考虑时间。

这是因为，在消费者的心里，时限越短，数量越少，就越难得，进而使自己因为不愿意错过这样难得的机会而采取某种行动。这种心理效应可以达到这样一种效果，那就是："就是它了，我绝对不会再错过了!"它几乎就能够左右消费者的行为，甚至改变人们原先犹豫不决、游移不定的态度。

具体来说，包括：

对商品数量限制

在现实生活中，很多人喜欢收藏一些古董等东西，而那些古董之所以价值连城，主要原因就是因为它们稀少、罕见，不容易获得。如果类似的古董到处都是，那么它们也就不值钱了。销售人员在销售商品时也可以利用这种人性心理弱点来提升产品的价值和缩短消费者的决策时间。

例如，一名百货公司的销售人员在向消费者推销的时候，总是能够巧妙地运用短缺原理来促使消费者尽快做出决定。即使面对的消费者不同，推销的商品各异，他也总能取得不错的业绩。他总是和消费者这样说："先生，这种引擎的敞篷车在本地不超过10辆，而且厂里面已经不再生产了，错过了这次机会，以后想买，恐怕也买不到了。""这种厨具就剩最后两套了，而另一套您是不会选择的，因为它的颜色不适合您，所以这套厨具非您莫属。""您也许应该考虑一下多买一些，最近这种商品十分畅销，工厂里已经积压了一大堆订单，我不敢保证您下次再来的时候还有货。"……这样的说辞无疑是十分有效的，数量有限的信息确实会对消费者的购买决策产生有效的影响。消费者在其影响下，为了使自己不因买不到而后悔，总是会果断地做出选择。先将自己喜欢的商品占为已有，这样才能够安心。

因此，当销售人员发现消费者对某种商品感兴趣的时候，如果能对其进行巧妙的引导，在说明商品质量可靠、价格实惠的同时，不妨再加上这样一个善意的提醒："这款商品刚刚卖出一套，这恐怕是我们这里最后一套了，如果错过，就需要等到一个星期以后再来了。"则会有效地促进销售。

对销售时间限制

消费者之所以会优柔寡断，在很大程度上是"还有"意识在作怪——还有希望，还有时间，还有一次，还有更好的等等，要让消费者尽快下决心，就要打消他们的"还有"意识。

从心理学角度来讲，"最后"意识就是"还有"意识的对立面。一旦对方明白自己的期待是毫无意义的，他就会像你所期待的那样，早下决心。例如，超市里的导购员大声吆喝："价值66.5元的超值套装，今天仅售28.5元，各位朋友，机会难得！"其直接结果就是很多消费者听到这样的消息都会争先恐后地跑去抢购。

而且，你设置的这个最后期限越彻底，其短缺的效果也就越明显，而因此引起的人们的拥有欲望也就越强。这在销售人员进行产品推销的过程中是很有成效的。因为这就暗示了消费者，除非现在就选择购买，否则以后再买的话，就需要支付更多的钱，甚至根本就买不到。这无疑给消费者施加了高压，使其在与自我的斗争中努力地去说服自己购买。

总之，借助稀缺原理来促成销售，是一种很有效的营销方式。销售员只要抓住消费者的这种心理，恰当地给消费者制造一些"威胁"，比如只剩下一件商品，只有最后一天的优惠时间，已经有人预定了等，从而让消费者产生一种现在不买，以后就买不到了的心理暗示，这样就会促使消费者果断地购买你的产品。

不过，这样的"威胁"只是销售人员在对消费者的需求经过认真分析的基础上，通过善意的提醒，增强消费者的购买欲望，缩短消费者考虑时间的一种策略。因此，在与消费者进行沟通时，销售人员必须保证自己的暗示是客观的、实际的，绝不可以用谎言来欺骗消费者。销售人员要基于对消费者的尊重和关心有技巧地进行说服，使消费者坚定购买产品或服务的决心。另外还要切记：谈判的本质就是总要让消费者感觉是他们赢了，因为毕竟没有人会喜欢被人胁迫的感觉。

不安全感是影响消费决策的一大障碍

从心理学角度来说，人们总是对未知的人、事、物产生自然的疑虑和不安，因为缺乏安全感。在销售的过程中这个问题尤为明显。一般情况下，消费者对销售人员大多存有一种不信任的心理，他们认定销售员所提供的各类商品信息，都或多或少包含一些虚假的成分，甚至会存在欺诈的行为。如果不能从根本上消除消费者的这种顾虑心理，交易就很难成功。

但反过来说呢，销售中若采取适当的方式消除消费者对风险的担忧，就很容易让他们放心大胆地购买你的产品。

那么，怎么做才能让消费者安心购买呢？

其实，消费者之所以会产生顾虑，很可能是因为在他们以往的生活经历中，曾经遭遇过欺骗，或者买来的商品不能满足他们的期望，也可能是从新闻媒体上看到过一些有关消费者利益受到损害的案例。而且，消费者没有时间和精力去辨别销售人员的真伪，所以很容易把所有的销售人员“一棍子打死”，认为凡是搞推销的人都是骗子，遇到销售人员就躲着走，怕自己被骗。

对待这种消费者，销售人员不要急于求成，你说得越多，消费者反而越怀疑，曾经被骗的经历会让他们对眼前的你产生不信任的感觉。你一定要找出他无法接受你推销的产品的真正原因，想办法消除消费者的心理障碍，让自己成为他们的朋友，这样他们才会和你合作。

如果消费者的不安全感体现在价格上，那么，销售人员就要让消费者了解，任何一种商品都不可能在各方面都占优势，你要重点告诉消费者他买你的产品能获得什么好处，以此来满足消费者的需求和减轻他担心买贵的顾虑。如果有什么优惠活动，也要提前通知消费者，把利益的重点放到消费者身上，让他们觉得自己获利而不是被骗了。

如果是担心商品的质量或功能，对商品没有足够信心的消费者，你不妨直接对他们说出产品的缺点，这比消费者自己提出来要好得多。首先，消费者会对你产生信任感，觉得你没有隐瞒产品的缺点，是个诚实的人，这样他就愿意与你进一步交流。其次，他们会觉得你很了解他，把他想问而未问的话回答了，他的疑虑就会减少。最后，销售人员主动说出商品的缺点，可以避免和消费者发生争论，而且能使你和他们的关系由消极的防御式变成积极的进攻式，从而促成交易。

此外，消费者买东西固然是想买质量好的，但是买东西的时候他又怎么知道质量好不好呢？不知道就会产生顾虑，所以就不会那么容易下单。这个时候就需要你来为消费者送上一颗定心丸，那就是售后质量及维修保证。因为这种方法解决了消费者的后顾之忧，所以很容易打动他们。

另外，你还可以采用提前试用的方法，即不管消费者买不买，先热情地让他试一下，因为提前试用的方法，能在一定程度上也就是在心理上减少消费者对产品特别是新产品的一些不安全感。这样一来，消费者的疑虑就会很快消除，信赖和信任感增加了，下订单的可能性也就增大了。

总之，销售人员在销售的过程当中，一定要尽自己最大的能力来消除消费者的不安全感，善于接受并巧妙地去化解消费者的顾虑。只有让消费者放心，销售人员才能到达成功交易的彼岸。

“空白效应”：沉默也是一种力量

国画中的留白，断臂的维纳斯，之所以会取得非常好的艺术效果，奥妙就在于“空白”在人们的感知中变被动为主动的效果。因为人在感知事物时，如果感知对象一开始就将全部信息都无所保留地表达出来了，那么我们就会觉得是被动地接受和感知所提供的信息；如果感知对象不完整，那么我们便会自然地运用联想，在头脑中对不完整的感知对象进行自我补充。并且人们在进行这种联想和补充的过程中，会产生更加强烈的心理效应，印象变得更加深刻。

这其实就是心理学上的“空白效应”。这对于销售人员的启示就是要学会在关键问题上适当沉默，让消费者自己去思考、体会，有时这比任何诀窍都有效。

在具体的销售行为中，我们可以这样运用，比如：

适时抽身

“哎呀！有件急事我要办，真抱歉，下次我再来拜访你。”面对销售人员的突然离去，消费者一定会很诧异。正当消费者意犹未尽时，销售人员却走了，他们的心里一定会痒痒的，期待销售员下一次的到来。

所以，在和消费者交谈时，如果机会来了，你不妨适时抽身离开，给消费者留下一个悬念，下次再来给他解开悬念。著名推销大师原一平经常这么做。为了更有效地利用时间，他尽量把与准客户的谈话时间控制在3分钟以内，最长也不会超过10分钟。他经常讲到一半，讲得准客户来劲时，便以有急事要办为由告辞。虽然这是不礼貌的行为，但为了成交生意，故意卖个关子，制造一个悬念，也是很有必要的。

保持沉默

发明家爱迪生曾发明了自动发报机，后来他想卖掉这项发明，换回钱建一个新的实验室。但是他不熟悉当时的市场行情，不知道自己的自动发报机能卖多少钱。夫人米娜想卖2万美元，爱迪生觉得太多了，米娜就建议先让商家报价，看看情况再说。爱迪生觉得这是一个好主意，决定试一试。

在与一位商人的商谈中，商家问爱迪生卖多少钱。由于爱迪生一直认为2万美元的卖价太高，所以迟迟不肯说价。商人追问了几次，爱迪生还是不好意思说，他表示要等妻子回家和她商量一下。但是商人显然没有耐心了，他说："既然你不说价钱，那我就先开个价吧，10万美元你卖不卖？"爱迪生听了这话，内心狂喜，但他却故意面露难色，说要等妻子回来问问她的意见。商人看到这种情况，担心夜长梦多，于是软磨硬泡，好说歹说，最后终于说服了爱迪生，签署了交易合同。

后来，爱迪生高兴地讲起这件事时说："真没想到，晚说一会儿就赚了8万美元。"

可见，在销售中，说得太多、说得太快，有时候很容易陷入被动。尤其是在商品报价的时候，如果你先说出价钱，很可能吃亏。要想让自己处于优势和主动地位，销售人员就要学会适当保持沉默，以便产生"无声胜有声"的说服力。比如，面对一个难缠的消费者，与其与之争论不休，不如在解释一番之后，问道："你认为我说的对不对呢？你是怎样想的呢？"然后沉默下来。沉默可以给对方思考的余地，沉默可以让对方以为你有难处。等消费者充分思考之后，你再认真地倾听他的想法。记住，在消费者表达自己观点的时候，如果有反对你的意思，你千万不要急着打断、反驳。否则，你是很难赢得消费者的好感的。

敢于“放手”

看下面这个例子：

消费者：“再降一点点儿，我马上付款提货。”

销售员：“这是最低价了，再降我就赔本了。”

消费者：“哎呀，为这个价钱，你也耽误了不少时间，如果丢了生意，那真是太可惜了。”

销售员：“如果真那样，的确可惜。其实只要你不再坚持，我们就不用耽误时间了。”

消费者：“既然这样，我还是去别家看看吧！”

销售员：“好吧，你去看吧，我保证给你的价绝对最低。”

消费者走了几步，又回来了：“哎，我还是买了吧！”

消费者为什么走了之后还转头回来购买呢？这就是“空白效应”的一种运用。因为消费者从销售人员的“放手”中看到了一种坚定、自信。这让他觉得销售员开的价绝不高，所以最后还是决定购买。相反，当消费者说“那我不买了”时，如果销售员慌忙说“别走啊，有话好说，我再给你优惠一点……”表面上是留客，实际上是赶客。因为消费者会觉得销售员没有说公道价，价钱还可以降，能降多少呢？消费者根本不知道。因此，他很可能放弃购买。

由此可见，如果销售员知道价钱无法再降了，那么即使消费者要走，也不妨大方地送他走，同时欢迎他再回来。这既给自己留有余地，也给消费者留下思考的空间。不使局面太紧张，消费者反而会对产品更加感兴趣。

环境的威慑力会促使消费者立刻行动

一位心理学家曾做过这样一个实验：他让10个人穿过一个黑暗的房间，在他的引导下，这10个人都成功地穿过去了。然后，心理学家打开房内的一盏灯，在昏黄的灯光下，大家都惊出一身冷汗，原来地面是一个大水池，水池里有十几条大鳄鱼，水池上方搭着一座窄窄的小木桥，刚才他们就是从小木桥上走过去的。

这时，心理学家问："现在，你们当中还有谁愿意再来一次呢？"结果没有人敢站出来再走一次。过了一会，有两个胆子比较大的人站了出来。两个人小心翼翼地走上窄窄的小木桥，速度比第一次慢了许多，而且个个都很小心，生怕摔下去，送了性命。终于走到了尽头，两个人却都是满头大汗，心还在怦怦乱跳。

后来，心理学家又打开房间的几盏灯，人们看见小木桥下方装有一张安全网，由于网线颜色极浅，他们刚才没看见。"你们谁现在愿意通过这座小桥呢？"心理学家问道。这次站出来的人比上次多了一些，有6个人愿意再走一次，毕竟有安全网保护，危险性就降低了很多，即使掉下去也不会有什么大事。虽然6个人还是比较小心，但是速度快了很多，一会儿就顺利地通过了小木桥。

最后还剩下两个人没有站出来，心理学家问："你们为何不愿意呢？"此时，两个人异口同声地问道："这张安全网牢固吗？"这时，心理学家笑了笑，把房间里所有的灯都打开了，光线更足更亮，大家这才发现，原来水池里的大鳄鱼都只是模型而已，不是真的鳄鱼。

这个实验说明了什么？说明了环境对人的心理可以起到巨大的影响和作用，也启示人们可以借助环境的力量，使他人感觉一定的威胁或者警示，借此影响到对方的行为，让形势变得有利于自己。在销售中，有时候光靠销售人员苦口婆心地劝说，并不能起到太大的作用，销售人员不妨借助环境的威慑力作用于消费者，帮助自己有效地推销产品。

比如，我们可以利用身边物品为自己的人品加分。我们都知道，记者是职业的观察家，他们会记录下观察到的一切。但你千万不要以为其他人就没有观察，或者观察得不够仔细。事实上，在任何时间和地点，人们都睁大着眼睛，仔细打量着别人身边的大大小小的物品，将每一个细节摄入眼中。人们会根据这些物品所释放的信号，建立起或者进一步丰富对它们主人的印象。

例如，世界上最伟大的推销员乔·吉拉德在他办公室的墙上挂满了他荣获的各种奖章，还有一些登着自己事迹的报纸、杂志、文章以及和某些重要人士合拍的照片。这些“广告”，有力地给他自己以及他的产品做了最好的证明，无形中对消费者产生了一种作用力，迫使其承认、信赖，甚至顺从和拜服，这使乔·吉拉德总是能十分顺利地推销出自己的产品。这其实就是利用了环境的威慑力。

此外，当消费者对你的产品的质量表示怀疑时，很多东西都是你可以利用的道具，你可以让这些有力的“证据”来为你的商品助威。

例如，一家商店里某品牌手表的销售员，每次有消费者光临的时候，他都会绘声绘色地描述手表的质量如何优质，性能如何良好。虽然他口才很好，把手表的功能说得神乎其神，但是消费者反而更加怀疑，最多也只是看看，真正购买的没有几个。

这个销售员觉得这样下去可不是办法，他通过分析觉得，消费者之所以不敢购买他的手表，最主要的就是不相信商品的质量。

那么，如何才能证明自己的商品的质量呢？他想出了这样一个办法。他买来一个鱼缸摆在自己的柜台上，并把两只手表放进了鱼缸里。很快就吸引了很多消费者过来围观。这时，他又开始讲手表的防水防震功能，并把手表从水里捞出来让消费者传看，果然不怕水。接着他在把手表递给消费者传看的时候，故意没有抓牢，使表掉在地上。消费者吓了一跳，赶紧捡起来，看了看，还好没有摔坏。当这个消费者把手表还给他时，他居然又使劲儿地把手表摔在地上，但捡起来后，手表依然没有任何损伤。这下，消费者都相信手表的质量了，而此时，这个销售员又拿出手表的质量证书以及专家的推荐，并声明现在是推广期，限量销售，买晚了就买不到了。结果可想而知，消费者开始纷纷抢购他的商品。

这个销售员之所以取得了成功，就是利用鱼缸制造了这样一种环境和氛围，使消费者产生很大的好奇心和信赖感，并促使他们立刻行动，进行购买。

“君子生非异也，善假于物也”，在销售中，销售人员要学会善于利用环境，给自己制造气势，消除消费者的疑虑，获得消费者的信赖，最终征服消费者。

当然，在利用环境的威慑力时，也要讲究技巧，如果让消费者感受到你在逼迫他消费时，就肯定得不到你预想的结果了。

激将法能让不慌不忙的消费者迅速签单

在销售过程中，销售人员常常遇到一些“不慌不忙”的消费者，虽然他们对产品有需求，但就是犹豫不定，总想等等看。面对这些消费者，要想获得订单，销售人员不妨尝试利用消费者的好胜心、自尊心，采用激将法促使他们做出购买决定，迅速签单。

不过，激将法并不是适用于任何人的，在使用上，一定要根据不同的交谈对象，采用不同的刺激方法，才能收到满意的效果。正如世界级著名潜能大师安东尼·罗宾所说：“自尊心、虚荣心和好胜心，是激将法的绝佳伴侣。如果你的客户恰好对这些都不是那么敏感，那么很难起到激将的效果，甚至还有可能把一桩很有希望的生意逼进死胡同。”

那么，在具体的销售过程中，销售员使用激将法来促进成交时应该注意什么呢？

准确把握消费者的心理变化

激将法的使用，一定是建立在准确把握消费者心理变化的基础上的。要知道，唯有对具有自尊心、虚荣心和好胜心较强的消费者，才可能激发他们的购买欲望。

日本的著名寿险推销员原一平，在一次推销中采用了这种办法。他把目标锁定在了一个性格比较孤傲的消费者身上。尽管他已经拜访这位消费者三次了，但是消费者却一直对他不理不睬。这一次，原一平实在是沉不住气了，于是便对消费者说：“您真是个大傻瓜！”消费者一听急了：“你说什么，你敢骂我？”

原一平立刻笑着对他说：“您别生气，我只不过是和您开个玩笑而已，千万别当真。只是，我觉得有些奇怪，您比利华公司的老板更有钱，可事实表明他的身价却比您高得多。因为，他购买了100万元的人寿保险。”不料，这位消费者被原一平的话给激醒了，很快就做了个决定，购买200万元的人寿保险。

不过，如果你激错了对象，不但很难起到“激将”的作用，甚至还有可能因激怒消费者而丢失一笔原本有希望的单子。一般而言，年纪轻的要比年纪大的容易激将，见识少的要比见识多的容易激将，越是讲究衣着打扮的、好争高比强的、地位较高、受人尊重的人越怕别人看不起，这样的人也容易被激将。在促成订单时，销售人员可以根据具体的消费者对象，采用具体的方法去激将他们。

绝不能说伤害消费者自尊心的话

虽然激将法会对促成交易起到很大的作用，但是它在使用时会直击消费者的自尊心。如果时机、语言、方式中有一点不对，或者显得过分，就会导致消费者的不满和愤怒。所以不要过多、过于强硬、过于苛刻地使用激将法，那只会让你和消费者的关系越来越僵。

有一名销售员和消费者经过商定一辆车以2.5万元成交，并且消费者当天就交了500元的定金。第二天，这位消费者不知道是什么原因，只带来了2.4万元，加上前一天的定金，还差500元。后来，这位消费者一再向销售员解释说："家里有事，现在只能筹到这么多钱了。"这时销售员说："不会吧，像您这样的大老板，难道区区500元都拿不出来吗？别骗我了啊，我今天才算真正地领教了你们大老板的做事风范！"听了销售员的一席话，消费者感到自己的自尊受到了挫伤，最终他不是像销售员所希望的那样，肯定会再拿出500元来的，而是拒绝了此次交易。

我们必须知道，消费者始终拥有成交的最后的决定权，即使我们采用激将法"逼迫"消费者签单，最后促成了这笔交易，但消费者却依然可以事后来退货。因此在我们以语言激消费者购买时，一定要以不伤害他自尊心为前提，否则不但会丢失这笔交易，还有可能以后的交易也会随之消失。

要自然流露，不能夸大其词

当我们在销售的过程中，采用激将法促成订单时，一定要注意自己的态度和表情，应该自然流露出来，绝对不能为了达到效果而夸大其词，否则便很容易让消费者看出来我们是在"激"他，进而产生逆反的心理，最终导致交易失败。

让我们看看阿里巴巴集团创始人马云的技巧。阿里巴巴每年都会邀请一些政界名流、文体明星、业界大腕来参加“西湖论剑”活动。2010年9月，马云把邀请的对象瞄准了一位重量级人物——好莱坞电影巨星、美国加利福尼亚州州长阿诺德·施瓦辛格。这天，两人见面，一阵寒暄后，马云说：“我的‘西湖论剑’活动马上就要开始了，去年我请来了克林顿和科比，今年我想到了您。您曾是世界健美冠军、好莱坞电影明星，后来又成为拥有亿万资产的成功商人，现在是美国的一位州长。可以说，您是一位成功的‘多面体’，一个人就代表了政治、文艺、体育、环保、商界等多个方面，因此说，我邀请您这样一个多才多艺的嘉宾就可以代替多个嘉宾，这就是我请您来‘论剑’的理由。”听了这番话，施瓦辛格非常高兴地接受了邀请。

激将成交法，其实是人们比较了解、接触得比较多的常用计谋。因此，在使用激将法时也容易被对方看穿。销售人员在利用这一方法时，不管是在语言还是表情上都要显得平静自然，才有成功的可能。

这里还需要再一次重申：要注意“激”的力度，千万不要过激！因为我们的真正目的是要说服。孟子说：“以力服人者，非心服也，力不赡也。以德服人者，中心悦而诚服也，如七十子之服孔子也。”所以激将也要用理使其激，然后再使其心服，这是推销术中永远的法则。

美食计：美食使谈判的气氛更融洽

美国商界人士之间非常盛行“交际午餐”——即边用餐边商谈事情。这最初是为了节约时间所想出来的一个点子，但是从心理学的角度来看，这个方法也有其可取之处。

一起吃饭这种最原始的行为，会对人的深层心理产生强烈的影响。

首先，能加深彼此的友好关系。和见10次面相比，一起吃3次饭效果更好，如果再喝点酒，效果就更好了——和一起吃3次饭相比，一起喝一次酒则更容易成为好朋友。

1960年，詹尼斯(Janis，I. L.)在耶鲁大学以216名学生为对象，进行的一项个人实验就从侧面证明了这一观点。实验者要求所有参试者阅读“癌症治疗法”或者“军备竞争”等内容枯燥的专栏。在阅读专栏的时候，给A组学生提供花生和可乐，而对B组学生则未提供任何食物。然后，要求阅读完专栏的同学们对专栏做出评价。结果显示，一边吃花生米和可乐一边阅读的A组学生的评价，比未吃食物的B组学生的评价更高。

可见，食用花生和可乐带来的“食用乐趣”能提高无聊无比的专栏的形象。这也就是说如果你想获取对方的好感，或者想听到好的回答，就请对方吃美食吧。

其次，与对方一起进食还能增大对方与你达成协议的可能性。因为在进餐过程中我们更愿意接受对方的观点。

有一个心理学实验可证明上述事实。研究人员要求被测试者将他们针对某一事件的看法写在纸上，然后让他们阅读一些与他们持相反观点的报道并声称这些报道出自某位评论家之手，最后研究人员请被测试者在阅读评论后重新发表自己的看法。这时，研究人员将被测试者随机分为两组，一组在阅读评论文章时向被测试者提供饮料和甜点，而另一组则不提供任何食品和饮料。

研究人员统计了被测试者在阅读评论后态度的转变情况，结果表明在提供饮料和甜点这种情况下被测试人很明显地更愿意改变自己的观点。本来饮料和甜点是与评论完全不相关的实验条件，但是从实验结果来看一边享美食一边阅读评论的人显然更易受影响。

其实我们大多也有过类似的经历，比如在汽车或是家电博览会上再或是在画廊里，服务生一边为你耐心介绍产品的优异性能一边奉上香浓的咖啡及精美的糕点，这竟会使你在不知不觉中购买某种商品或签订某项协议。这说明在进餐过程中我们更愿意倾听别的意见，也更容易被别人说服。如果销售人员掌握了这一美食的魔法，就能把消费者的消极想法改变成积极的想法。

此外，请对方吃东西，还可以“堵”住对方拒绝你的口。即使对方心中想反对，但是嘴里塞满食物，也不好说出反对的意见，因为闭着嘴巴嚼东西时开口说话是不礼貌的。所以，你一定要在对方刚把食物放入嘴里的时候，说出对方可能会非常反对的事情。这并不是开玩笑，而是一个在客观上不让对方发表反对意见的有效战术。

因此，商务谈判时，你可以尝试着请对方吃饭或找机会与他共同进餐，说不定你可以轻而易举地说服他。如果只是喝咖啡或喝红茶，谈话可能会出现分歧。这时可以休息一下，叫上一些甜点，一边吃一边随意聊天，就有可能找到突破口，推动谈判顺利进行。如果谈判的场所是你的公司或你的办公室，你也可以请对方喝茶和吃点心，比如像饼干这种一口咽不下去的点心，就能减少对方说出反对意见的机会。

领着消费者的思路走，直到完成交易

在与消费者沟通时，你一定要做到：是你领着消费者思路走而不是把自己的思维强加到消费者身上。这样，他们才可能对你提出的任何要求都更容易接受。

“得寸进尺”攻破消费者的心理防线

许多销售人员会产生这样的困惑：为什么我把产品介绍得很全面、到位，消费者听得也很仔细，可是真正到了成交的时候，他们就是没有反应，不愿意立即成交呢？其实根本原因就在于消费者在心里有自己的想法与需求，而销售人员只想着自己快速推销产品，却没有认真地了解消费者的真实心理与想法，单纯地把自己的思维强加到消费者身上，这样自然很难成交了。

事实上，成功的销售人员都不会向消费者直接推销自己的商品，而是提出一个通常人们都能够或者乐意接受的小小要求，从而一步步地最终达成自己的推销目的。这其实就是心理学上的“得寸进尺效应”。

这一效应源于美国心理学家做过的一个实验：研究人员派人随机访问一组家庭主妇，要求她们将一个小招牌挂在她们家的窗户上，这些家庭主妇愉快地同意了。过了一段时间，再次访问这组家庭主妇，要求将一个不仅大而且不太美观的招牌放在庭院里，结果有超过半数的家庭主妇同意了。与此同时，研究人员派人又随机访问另一组家庭主妇，直接提出将不仅大而且不太美观的招牌放在庭院里，结果只有不足20%的家庭主妇同意。

不言而喻，前一组的家庭主妇同意率之所以超过半数，是因为在这之前对她们提出了一个较小的要求；而后一组的家庭主妇同意率之所以不足20%，是因为在这之前对她们没有提过较小的要求。换句话说，前一组的家庭主妇的同意率之所以高于后一组的家庭主妇，是因为在她们的潜意识里总希望自己给人留下首尾一致的印象。心理学家就将这种心理现象称为“得寸进尺效应”，又叫“登门槛效应”。

一个成功的销售过程就可以形象地比喻成“登门槛”，一步一步，一点一点地实现你对消费者的“虏获”。

例如下面这个例子：一位消费者选定一条价值20美元的领带，正当他掏出信用卡准备付款时，那位推销员问道：“您打算穿什么样的西服来配这条领带？”“我想穿我那件藏青色西服应该很合适吧。”消费者回答说。“先生，我这儿有一种漂亮的领带正好配您的藏青色西服。”说完，他就抽出了两条标价为25美元的领带。“是的，正如你所说，它们确实很漂亮。”消费者点着头说，并且把领带顺手放进了购物袋中。

“再看一看与这些领带相配的衬衣怎么样？”“我想买一些蓝色条纹衬衣，可我刚才在哪儿都没有找到。”“那是因您没有找对地方，您穿多大号的衬衣？”还没有等消费者反应过来，推销员已经拿出了四件蓝色条纹衬衣，单价为60美元。“先生，感觉一下这种质地，难道不是很棒吗？”“是的，我想买一些衬衣的，但我只想买3件。”最后，消费者心满意足地离开了服装店。

你明白发生了什么事吗？那位推销员把20美元的生意变成了230

美元的交易，而这位消费者却完全没有提出过异议，这就是“得寸进尺”的神奇！

所以，作为销售人员，你不要一开始就急于推销自己的产品，而是应该通过周密的提问，一步步将消费者真实的需求引导出来，并且保证他们一直在跟着你的思路走。这样，才能将消费者带入自己精心设计的环环相扣的谈话中，得出自己想要的信息，然后再提出自己的能够完全符合消费者需求的产品，这样，消费者自然会痛快地成交了。

当然，反过来说，如何避免成为“得寸进尺”的牺牲品，对于销售人员来说也是至关重要的。因为此时你是最为脆弱的，也是最容易做出让步的。总之，一名成功的销售人员就得尽量考虑得寸进尺的可能，并尽量避免买主在最后时刻“套路”你的可能性。

“留面子效应”增大了销售的可能性

其实，“得寸进尺效应”还可以反过来用，那就是“留面子效应”，即人们拒绝了一个较大的要求后，对较小要求接受的可能性增加的现象。

曾有一个心理学家做过这样一项研究，他将参与实验的数名大学生分为两组。首先请求第一组大学生花费两个小时带领少年们去动物园玩一次，但是只有六分之一的学生答应了。

接着，心理学家来到第二组大学生面前，请求他们花两年的时间担任一个少年管教所的辅导员，当然是义务劳动，不会给任何报酬。这是一件费时费力的苦差事，几乎所有的大学生都拒绝了。心理学家又提出了一个小要求，请他们带着少年们去动物园玩两个小时。结果，一大半的大学生都答应了这个请求。

心理学家认为这是一个“留面子效应”。留面子效应的产生主要是因为人们在拒绝别人比较难的需求时会感到自己没有能够帮助对方，而损害了自己乐于助人、富有同情心的美好形象，并会因为感觉辜负了他人对自己的良好愿望而感到内疚。为了恢复在别人心目中自己的良好形象，也为了达到自己的心理平衡，如果对方在这时再提出相对容易的一点小要求时，便会欣然接受。

这对于销售人员的启示就是：先大后小、先难后易的推销方式。

某家电公司派两名推销员去上门推销一种价格昂贵的电视机，结果推销员A失败而归，一台也没有卖出去，而推销员B则成功卖出10台电视机。为什么会出现这么大的差距呢？

推销员A可以说为了实现销售，使尽了浑身解数，凭借自己的三寸不烂之舌，说服消费者购买自己的商品，但是绝大多数消费者都因为价格太高而婉言拒绝，有的说考虑考虑，也只是为了敷衍，而不是真心想购买，因此，推销员A没有成功卖出一台电视机。

而推销员B知道销售这样的商品很难，必须采取一定的策略。因此，他在上门拜访消费者的时候，先介绍的是另外一款更加高档和昂贵的电视机，等消费者拒绝以后，他才说出自己真正要销售的这种电视机，并说："既然您觉得那一款太过昂贵，我们还有一款电视机在功能上也很先进，但是价格会便宜很多，您是否可以考虑一下？"就是在这样的拒绝、退让之中，消费者觉得对方已经做出了让步，自己也不好再拒绝接下来的请求，于是不少消费者都同意了购买其产品。

可见，这种先大后小、先难后易的推销方式，确实能够起到意想不到的效果。

所以，对于销售人员来说，如果你想要别人答应你的某种请求，你可以先提一个比较大的、难以做到、对方有可能拒绝的请求，然后在对方拒绝之后，再把你真正的请求提出来，这样就相当于你向对方做出了让步，而对方则有义务也对你做出相应的让步，因此，在"抹不开面子"心理的影响下，你的请求就很容易被对方接受和应允了。

“不怕不识货，就怕货比货”

在推销的任何阶段，消费者都有可能对你的产品的任何方面提出异议。其实，消费者的很多异议，都是因为他们没有对同类产品的价格或者是对同等价格的产品的比较系统、全面的了解，只要我们善于运用对比原理，自然会消除消费者的疑虑。

对比原理，其实是美国著名心理学家罗伯特·西奥迪尼在《影响力》中提出来的。他在书中讲了一个这样的故事：主人公莎伦考试失利，害怕被责备，于是她在写给父母的信中，编了一个谎言，说她的宿舍起火了，她从窗户跳了出来，但是造成了头骨断裂和脑震荡，并且视力也受到了影响。但是在信的最后，莎伦说出了事情的真相，她没有遭受火灾，但是她的科目却没有及格。

前后差距这么大，这对于她的父母来说，认知肯定会受到影响。如果真的要他们选择的话，他们宁可选择后者也不希望他们的女儿遭受火灾。莎伦运用的就是对比原理，先给她的父母心理上的冲击，然后为自己在考试中失利而得到父母的原谅奠定条件。

形成了对比感，就有利于被感知事物的差异或共同点从背景中分离出来，从而使被感知者有效感知。商品也是一样。如果把一样商品与其他商品同时显现出来，进行比较，会使它们各自的特点更加突出。

一般来说，对比有横向对比、纵向对比、同类产品对比、不同类产品对比等几种方法。但无论哪种方法都是在传递同一个信息，那就是产品的优势。通过对比产品的性能、价格、服务等方面，来强调优势和特点，从而左右消费者的购买决定。

当然，这一原理在使用的过程中，也是有一些基本的原则需要大家多多留意的。

一是对比的对象要合适

所谓对比，就是将两个事物放在一起做纵向、横向的比较。但是其中有个很关键的问题，就是你想要比较的对象，是消费者非常关注的吗?

举个例子来说，假设你向消费者介绍一款售价为988元的手机，而消费者在你的品牌和摩托罗拉品牌之间徘徊不定，但你所销售的产品相对于摩托罗拉而言，在功能和性价比方面都会有一个很大的优势，于是你不停地告诉消费者这两点。然而现在的最大问题是，虽然你讲的功能多和性价比好是事实，也确实得到了消费者的认可，但是现在消费者最在意的却是品牌。而在品牌方面消费者认为摩托罗拉更加出色，也就是说，你比来比去结果却是比错了对象。

可见，在进行对比的时候，你首先要做的就是确认比较对象在消费者心目中的重要性，将自己销售产品的特性定义在消费者最关注的点上，然后才可以进行对比。

二是对比的策略有讲究

田忌赛马的故事大家都不陌生：田忌用自己的下等马与齐王的上等马比，用自己的上等马与齐王的中等马比，用自己的中等马与齐王的下等马比。田忌的下等马当然会输，但是在上等马和中等马的比赛中，田忌却都赢了。

这对于销售人员来说，也是一个极大的启发。我们都知道天底下没有一款产品可以给消费者提供最完善的功能、最佳的质量、最好的售后服务以及最低的价格，一款产品总有我们占优势的地方，同时也总有我们占劣势的地方。那么，在进行对比的时候，除了要将我们的优势定义为消费者最为关切的点外，还需要讲究策略，利用田忌赛马的原理，找出自己产品的相对优势，从而取得最终胜利。

三是对比的作用分大小

对比定律的作用大小与参照物的选择有很大的关系。这就好比身高170厘米的你，本来拥有的是一个正常的身高，但是如果你站在一位身高180厘米的人旁边，你的身材就显得比较矮小了，而如果你站在姚明的身边，则不仅仅是显得矮一点，而是矮得太多了。

那么，在使用对比的时候，我们就可以有效地借用这一点。你希望得到多大程度的反差，就应该选择适当的参照物；想要反差大且让消费者印象深刻，就选择有强烈对比感的参照物。

不过，销售人员在运用对比法来推销产品时，还要特别注意一点，那就是言辞表达要温和。尽管你在言辞与行为上强烈地不认同对方的价格，但在表达方式上却必须要让消费者感觉到，你所不赞成的只是他的价格，而不是在否定他的人。如果在表达方式上有所不当，甚至伤了对方自尊心的话，不但做不成买卖，还无形中得罪了人，这是运用此法的大忌。

选择越多，越难以做出购买决策

我们的社会发展趋势是从没有选择，到有选择，到更多的选择。就拿我们最常见的用品——手机来说，现在，手机的种类日趋繁多，五花八门。不过，从心理学和经济学的角度来看，这并不是一件好事。

心理学家就曾在美国加州斯坦福大学附近的一个超市里，做过一个关于“选择”的实验：工作人员在超市里摆两个吃摊，一个有6种口味，另一个有24种口味。结果，24种口味的摊位吸引的消费者较多——242位经过的客人中60%停下试吃；而6种口味的吃摊前260个经过的客人中只有40%的人停下试吃。

但是，购买的结果却出人意料：在有6种口味的摊位前停下的消费者，30%都至少买了一瓶果酱；而有24种口味的摊位前，试吃者中只有3%的人买了果酱。

选择方案过多，会搅得人心神不宁，使人无所适从，最后具有讽刺意味的是，“多方案”变成了“无方案”，什么方案也确定不下来，也就是俗话所说的“挑花眼了”。因此，销售人员在推销自己的商品时，不要给消费者提供太多的选择，否则，消费者“挑花了眼”，反而会觉得无从下手，更加难以做出购买决策了。

还以手机为例，销售人员如果为每款手机提供过多的选择，不仅不能增加低端手机用户的快乐，还降低了他们购买价格较高款式的满意度。事实上，当消费者面对一个复杂昂贵的产品时，他对于能否做出正确决定变得越发紧张。最终，研究结果表明，每种型号的产品提供3种选择已完全足够了，而任何产品提供7种以上的选择，都会产生反效果。

美国心理学家巴里·施瓦茨在《选择的悖论》一书中也有类似的结论：过多的选择会给消费者带来焦虑，他们并没有因为丰富的选择而感觉“手握大权”，反而会产生无力感——在下决定之前，他们得费心费力地研究所有的选择。针对这一心理，销售人员在为消费者介绍产品时，一定要避免人为地给消费者制造“选择障碍”，而这就需要销售人员根据每个消费者的需求，主动为其推荐合适的产品。例如，在购买手机时，有些人看重手机的通话质量，有些人看重手机的上网功能，有些人看重手机的外观和款式，有些人看重手机电池的待机时间等，销售人员就可以根据消费者需求的不同侧重点为其介绍。

其实，每一个销售员也都知道，洞察消费者的需求对于销售的成败很重要。但是，有时候消费者的需求很隐晦，不容易把握。这时，我们该怎么做呢？

医生给病人看病，都讲究一个望闻问切，医生总是要询问病人一些问题，然后听病人说自己的身体状况，之后才能下定论开药方，这一切同样适用于销售人员。销售人员在与消费者的沟通中，也要把询问与倾听紧密结合起来，从而发现消费者的真正需求。多提问题，你会发现答案就在他的回答中。需求都是问出来的，你要有意识地去问消费者一些问题，而不是在消费者面前滔滔不绝，完全不在乎消费者的反应，结果白白失去了成交的机会。认真倾听，分析出消费者内心深处的渴望。许多销售人员常常忘记，倾听是相互有效沟通的重要因素，而且倾听消费者的问答，还可以使消费者有一种被尊重的感觉。

把消费者的惰性思维好好利用起来

心理学认为，人在思维上都是有惰性的，特别是较为轻松或相对疲倦的时刻，人们对外界的判断没有原先那么敏锐，也不能对当前的情况做出更合理的分析。这种心理特性于做事无益，但对于销售人员来说，消费者的惰性思维却是可以善加利用的：你要学会引着消费者的思维一步一步地走向自己想要的结果。

让消费者多点头

让我们先来看下面一段对话：

销售人员："今天的天气真不错啊。"消费者："是啊。"

销售人员："您住的小区的绿化搞得真好。"消费者："嗯，是的，住在这样的小区里，每天都能呼吸到新鲜的空气。"

销售人员："您家阳台上的那盆花是您养的吧，真漂亮。"消费者："那是我在日本旅游时带回来的，没有想到这种花在中国也能长得这么好。"

销售人员："日本还有这么漂亮的花，真让人羡慕。"消费者："是啊，在日本这种花不怎么贵，但是在国内，这种花就贵得吓人了，一盆这样的花要好几千呢。"

销售人员："我是某保健品公司的销售人员，这里有一些保健品的宣传册，请您看一看。"消费者："是吗？"

消费者把销售人员递过来的宣传册拿在手里开始翻阅，此时销售人员又说："我可以给您解释一下吗？""好的。"

销售要是到了这样的地步，那么成功的可能性就有了。而销售人员之所以会问消费者那么多的问题，说到底也就是想利用消费者的惰性思维。

科学研究表明，一个人在说了多个"是"之后，就很难说"不"字了。这是因为人在说了多个"是"字之后就具有了一种惯性，要让他们在接下来的谈话中打破这种惯性思维就不是那么容易了。

所以，销售人员在与消费者交流的时候，应该先强调彼此都同意的事，并且需要不断地强调，以换来对方肯定的答复。特别是在成交期，一定要尽量避免谈论一些可能有分歧的事。如果能做到让消费者多说"是"，少说"不"，就表明交易正在向前不断迈进。

让消费者"二择一"

有甲乙两家卖粥的小店，店址紧挨在一起，每天的顾客也相差不多，然而晚上结算的时候，甲店比乙店多出了百十元来，天天如此。

这是什么原因呢？原因就出在服务员身上，因为乙店的服务员在顾客进店坐定之后，就给顾客盛上一碗粥，并反问顾客"加不加鸡蛋？"要是顾客说"加"的时候，她就给顾客加一个。每进来一个顾客，服务员都要问一句："加不加鸡蛋？"也有说加的，也有说不加的，大概各占一半。

可甲店的服务员就不一样，尽管同样是问顾客加不加蛋，但是甲店的服务员问的是“加一个鸡蛋，还是如两个鸡虽？”再进来一个顾客，服务员又问一句：“加一个鸡蛋还是加两个鸡蛋？”爱吃鸡蛋的就要求加两个，不爱吃的就要求加一个。这样下来，在甲店喝粥的顾客就得至少加一个鸡蛋，因为不管怎样节省，相对于两个鸡蛋来说，一个鸡蛋还是少一点。

所以，一天下来，甲店就要比乙店多卖出很多个鸡蛋。这样他们的盈利也就不一样。

这就是甲店的营销策略，用“二择一”法则，在不知不觉中引导了消费者购买，也最大化地降低了消费者购买时的犹豫心态。

总之，对于销售人员来说，好好地把消费者的惰性思维利用起来，这样对自己的销售，只有好处，没有坏处。

成功捕捉消费者若隐若现的成交信号

在某些瞬间买卖双方的思想是协调一致的，此时就是成交的最好时机。而这种“心理上的适当瞬间”不是空穴来风，它的到来必定伴随着许多有特征的变化与信号，销售人员一定要及时识别，并充分利用，以促成交易。

75%消费决定是在15秒钟以内完成的

相信每个人衣橱里都会有几件因为一时冲动而买的价格不低但是却没怎么穿过的衣服。对于消费者冲动购物的跟踪分析研究也表明：在超市的保健品和美容用品的购买决策中，有61%是非计划的购买；百货商场中39%的消费者、折扣店中62%的消费者每次会冲动购买至少一件商品。可见，冲动性消费已经成为了一种普遍的消费现象。

所谓冲动消费，说白了也就是非计划购买。而冲动消费的一个显著特征就是时效性，在某个时间段内，购买意愿会非常强烈；但是，一旦过了这个热情劲，他们往往就变成无效消费者了——因为他们根本就不想购买了！

据研究显示，在超市中75%消费者的购物决定是在15秒钟以内完成的。因此，当消费者处于这个“冲动期”时，销售人员必须把握住消费者的这个“热情劲”，速战速决，将商品推荐给消费者。

一般而言，消费者的冲动行为主要是源于消费者本身的特性和商店环境的影响。作为销售人员，你需要把握以下几个方面，才能激起消费者的购买冲动。

情感因素：建立信任

消费者不会盲目地冲动，只有在放松警惕的情况下，才会被销售人员调动情绪，采取购物行动。所以，在与消费者交谈过程中，销售人员首先应该与消费者之间建立起信任的关系，然后提高消费者的购买兴趣，使消费者快速达成采购决定，瞬间产生强烈持续的购买渴望。

时间因素：快速出击

在与消费者的交流过程中，要准确捕捉消费者瞬间的购买冲动，并全力以赴跟进，以尽快实现签单。因为当消费者处于这个“冲动期”时，也是其最不理智的时候，如果把握不住机会，等他们冷静下来，交易成功的几率就会减小很多。

环境因素：营造氛围

商品陈列尽量做到一目了然，达到商品的最大显露度，尽量将畅销货和高利润品放置在消费者视线最先进入的地方以达到吸引消费者的目的。另外要营造良好的现场气氛以提高消费者在现场购物的可能性。消费者都有看热闹的心理，会潜意识地将拥挤程度视为商品受欢迎的程度，围观的人越多，消费者冲动的几率也就会越大。

价格因素：优惠政策

消费冲动很大程度上源于其“占便宜”的心理。提供适当的优惠政策，虽然单品的利润会有些下降，但是总体上来说，这种刺激消费者冲动的策略往往能给销售方带来很大的收益。

当然，刺激消费者冲动的方法还有很多，关键是销售人员一定要把握住消费者冲动的时刻，适时出击影响其购买决定。

消费者的言行举止中藏着他的购买意向

排除冲动消费，一般情况下，消费者的购买兴趣其实是“逐渐高涨”的，且在购买时机成熟时，消费者的心理活动趋向明朗化，并通过言行举止表露购买意图信息，有些是有意表示的，有些则是无意流露的，后者更需要销售人员细心观察。

语言信号

相当一部分消费者有购买打算时，从其语言中是可以得到判定的。这也是成交信号中最直接、最明显的表现形式，只要销售人员有意捕捉和诱发消费者这些语言信号，就可以顺利促成交易。

具体包括：

话题集中在某一独特的问题上，消费者反复询问，这说明此问题构成成交的最后一道坎，过去就好了。

消费者对产品给予真诚的肯定和称赞，或者对产品爱不释手。

征询朋友的意见，说明他想买，正在求证。

询价或和你讨价还价，这是一个最显著的信号，因为询问价格说明他兴趣极浓，商讨价格时，更说明他已经做好了成交的准备。

询问交易方式、购买手续、付款条件等，例如，当消费者问：“可以分期付款吗？”这就是一种有意表现出来的真正感兴趣的迹象，这表明成交的时机已到。

对产品的细节如包装、颜色、规格等提出很具体的意见和要求。

消费者提出“假如我要购买”的试探问题，比如“如果我们购买，你们是否能帮助我们培训操作人员？”等。

对产品质量或工艺提出疑问，说明他关心买了以后的使用，并为价格谈判做铺垫。

了解售后服务的各项细节。

语言信号的种类很多，除了表示欣赏的，表示询问的，还包括提出反对意见的。这类比较复杂，反对意见中，有些是成交的信号，有些则不是，必须具体情况具体分析，既不能都看成是成交信号，也不能无动于衷。

表情信号

表情信号是消费者在销售洽谈过程中通过面部表情表现出来的成交信号。及时发现、理解、利用消费者表露出来的成交信号，并不十分困难，其中大部分也能靠常识解决，具体做法一要靠细心观察与体验，二要靠销售员的积极诱导。当成交信号发出时，及时捕捉，并迅速提出成交。

具体来说，消费者的表情成交信号包括：

当消费者开始认真地观察产品，表示对产品非常有兴趣时，在听你介绍产品的时候若有所思地把玩产品，很可能他内心正在盘算怎样和你成交呢。

消费者的表情从戒备、抵触变为放松，眼睛转动由慢变快，眼睛发光，腮部放松，这都表示消费者已经从内心接受了你和产品。

在你讲话的时候，消费者频频点头，说明你的“洗脑”已经成功。

脸部表情从无所谓、不关注变得严肃或者沉思、沉默，说明他在往心里去，可能由于下决心不容易，才有那沉思和严肃。

态度由冷漠、怀疑变成自然、大方、亲切，也说明对你和产品的接受。

认真观看有关的视听资料，并不断点头。

当消费者身体靠在椅子上，眼睛左右环顾后突然直视着你的时候，说明他在下决心。

行为信号

行为信号是消费者在销售洽谈过程中通过其具体行为表现出来的成交信号。消费者表现出的某些行为是其心理活动的一种反映，这种购买信号主要是通过身体语言来表现的。如：

坐姿发生改变，原来是坐在椅子上身体后仰看着你，现在直起身来，甚至身体前倾，说明原来对你的抗拒和戒备，变成了接受和迎合。

动作变化，原来静止地听你介绍变成动态，或者由动态变为静态，说明他的心境已经改变了。

消费者不再提问，而是认真地思索。

反复阅读文件和说明书，从单一角度观察商品到从多角度观察商品。

查看和询问有关成交条件的合同文本或看订单。

打电话询问家人，或者打电话询问他心目中的专家。

请关键人物出场，或介绍相关人物。

对你倒水递烟，说明他很看重你。

当然，根据环境、消费者、产品、销售人员的介绍能力及成交阶段的不同，消费者表现出来的成交信号也千差万别。作为销售人员，一定要学会敏锐把握成交的信号，细心观察消费者的细微表现，从中分辨消费者传递给自己的信息。在收到消费者希望成交的信号后，及时做出积极反应，达成交易。

第五章　培养消费忠诚

——好的销售从来不是“一锤子买卖”

要想成为一个业绩卓著的销售人员，就不仅仅是和消费者做“一锤子买卖”，而是和他们做永久的生意。基于此，如何与消费者建立牢固的关系，并发展其忠诚度，对于销售人员来说，至关重要。

打动消费者的往往是毫不起眼的细节

细节中往往渗透了人心的微妙之处，那些广受欢迎的销售人员往往都是注意细节的人。因为讲求细节，肯定也会处处为消费者着想，让消费者拥有一种安全感，自然可以赢得消费者的好感。

有时第一印象就决定了销售的成败

消费者形成对某一品牌的忠诚，很多时候并不是比较出来的结果，而是第一次使用了某种品牌的商品之后就根本不会去试用其他品牌。

这实际上指的就是“第一印象”的影响。心理学家研究表明，外界信息输入大脑时的顺序，在决定认知效果的作用上是不容忽视的。最先输入的信息作用最大。即使人们同样重视了后面的信息，也会认为后面的信息是非本质的、偶然的，人们习惯于按照前面的信息解释后面的信息，即使后面的信息与前面的信息不一致，也会屈从于前面的信息，以形成整体一致的印象。例如，人们之所以对于初恋，总是难以忘怀，就是这种心理效应在发挥作用。对恋人的第一印象不仅当时具有强烈的冲击力，还会经久不息地左右你以后的爱情情绪。

在消费行为中也是一样，例如电子邮箱，很多人都有自己偏好的网站，你或许一直都坚持使用新浪网的邮箱，因为这是你刚接触网络时申请的第一个电子邮箱，况且新浪邮箱功能也还不错，现在大家都用这个邮箱和你联系，所以这个邮箱就一直用到现在。我们可以发现，电子邮箱的选择并不是试用比较出来的结果，而是第一次接触到的邮箱也许你就永远使用上了。并且，在接触新的电子邮箱系统时，你总是会尽力发现和强调自己原有邮箱的优点，对于系统欠缺或不完善的地方却总会低估其重要性。这也是“第一印象”生效的因素之一。

对于销售人员而言，我们就可以利用消费者的这一心理，用“美好的第一印象”发掘和稳定自己的目标消费群，培养他们的消费忠诚度。

那究竟如何给消费者留下好的第一印象呢？

衣着服饰

与消费者见面后，首先映入消费者眼帘的是你的衣着服饰。因此，你首先要重视自己的衣着服饰。一位外表整洁的销售人员是引起消费者购买欲的先决条件。据美国一项调查表明，80%的消费者对销售人员的不良外表持反感态度。

服饰对销售人员而言，可以说是销售商品的包装纸。包装纸如果粗糙，里面的商品再好，也会容易被人误解为是低价值的东西。因此，只要你决定投入销售行业，就必须对仪表服饰给以投资，这种投资绝对是合算的。

销售人员的着装要符合个人的性别、年龄、身份、气质、环境、风俗习惯等，不要赶时髦和佩戴过多的饰物。如果穿戴过于引起别人注意的服饰，反而会使人觉得你本人无足轻重，招致相反效果。

另外，在见消费者之前，还要注意自己的体味。可以使用一些具有清新气味的香水，但是不要使用味道太浓烈的香水。同时，在与人见面之前，还要注意尽量不要吃有异味的东西，并且记住餐后一定要漱口。

言谈举止

销售人员的言谈举止要落落大方、合适得体。虽然没有一个统一的模式供参考，但一些很明显的错误的言谈举止却是一定要避免的。比如：不要说话速度太快、吐字不清、语言粗俗；不要批评、挖苦、吹牛、撒谎；不要油腔滑调、沉默寡言；不要声音粗哑、有气无力、说话不冷不热；不要挖耳搔头、耸肩、吐舌、咬指甲、舔嘴唇、脚不住地抖动；不要与消费者勾肩搭背、东张西望、慌慌张张；不要不停地看表、皮笑肉不笑等。

礼仪

礼仪是销售活动中非常重要的一环。销售人员不懂礼仪，往往会无形中影响交谈的效果。消费者是聪明的，他们倾向于到值得信赖、礼仪端正的卖家去购买商品。销售人员要讲求礼仪的基本原则是：诚恳、热情、友好、谦虚。围绕这几个基本点去处理事情，就会收到预期的效果。

总而言之，“第一印象”就决定了成败，要想使“第一印象”发挥好的作用，就需要销售人员注重发挥自己良好形象给消费者的影响，努力争取让良好的形象给消费者留下好的第一印象，以促进交易向良好的方向发展。

对准备工作的忽略会直接导致销售失败

其实很多时候，消费者并不需要你做出多大的努力来为他们提供服务，只要你把销售工作落实到细节中，就能打动他们的心，成为一个真正受消费者欢迎的销售员。其中一个往往被大多数销售人员所忽视的细节就是——准备工作。

俗话说“未雨绸缪”“有备无患”，准备工作做得好，不但有利于销售工作的顺利进行，而且有利于销售的成功。

一家办公用品公司的销售员来到一家公司，当时这家公司正准备置办一些办公用品，经过半天的讨价还价，终于成交。但是，当他准备把优惠价以及联系方式写给这家公司负责人时，意想不到的事情发生了，他掏出的签字笔竟然写不出字来。一个文具销售人员，自己用的笔竟然写不出字来，这不是滑天下之大稽吗？于是这位负责人很快就告诉他："你不用写了，你的产品我们决定不要了。"就这样，一笔快到手的生意没了。

这就是忽略了准备细节惹的祸。正如心理学中"蝴蝶效应"一样——一只南美洲亚马逊河流域热带雨林中的蝴蝶，偶尔扇动几下翅膀，可能两周后在美国得克萨斯州引起一场龙卷风——那些不注意细节的销售人员，他们在准备工作上的忽略往往就会直接导致他们的失败。

一般来说，一名优秀的销售人员应该事先准备好以下几类东西：

一是公文包。首先是自己必用的物品——诸如手机、钱包、名片、通信录、计算器等——是绝对不能忘记带的。如果忘记带了，也许就要发生找消费者要车费的笑话了。其次就是要访问消费者的名单、产品价格表、说明书、订购单、合同书、样品一个都不能少。这些东西一定要提前检查好，放进公文包。

二是自己的着装。从着装上来说，要见什么人穿什么衣服，这是一条最简单的法则。销售人员西装革履公文包，能体现公司形象，在任何时候都是不错的选择，但有时候还是要看被拜访的对象，双方着装反差太大，反而会使对方不自在，无形中拉大了双方的距离。如建材销售人员经常要拜访设计师和施工管理人员，前者当然要衬衫、领带以表现专业形象；后者若同样着装则有些不妥，因为施工工地环境所限，工作人员不可能讲究着装，如果你穿太好的衣服跑去工地，不要说与人交谈，可能连办公室坐的地方都难找到。专家建议：最好的着装方案是“消费者+1”，即只比消费者穿得好“一点”，既能体现对消费者的尊重，又不会拉大双方的距离。

另外，时间观念是最重要的。试想，一位销售人员提前预约了消费者见面，但是自己却迟到了，使得消费者在约定地点左等右等。这样的情况下，要是销售员没有特殊的情况，对于任何消费者来说，肯定觉得自己是不被重视的对象，所以销售员要想做成这位消费者的生意的机会也是微乎其微的。

因此，销售人员应该永远记住一条销售真理，那就是准确把握住时间。时间能创造财富，时间也能生成订单，在面谈的时候，消费者给你两分钟的陈述时间，也许这两分钟就让你赢得了一份订单。你去拜访消费者，你准时赶到了，给对方留下了一个好的印象，也许就是这一种好印象，使得消费者对你产生了信任。

那些在销售过程中应该注意的小细节

除了销售正式开始前的准备工作，在销售过程中更应格外注意一些看似“很小”的事情，因为正是这一个个的“小事”决定了整个销售这件“大事”。

下面是在销售过程中你要用心注意的几个细节：

缩小你与消费者间的身高差距

当一个高个子的人和一个矮个子的人站着聊天时，身高上的明显差距往往会对他们的心理活动产生影响，高个子的人总是俯视矮个子的人，所以身材矮小的人往往会产生不同程度的自卑感或沮丧感。

英国有一位身高2米的推销员，他叫菲利普·亨尼西，他专门推销化学药品和制剂。虽然亨尼西的工作非常认真，但是他的绩效却不是很好，他“出众”的高度常常会让消费者无法集中精神聆听他的介绍，他们常常会有一种被胁迫的感觉。亨尼西发现，当他在向消费者推销产品时，如果他坐着和他们交谈，气氛就会轻松很多，洽谈结果也截然不同。而假如他猛地站起来，对面坐着的消费者眉宇间就会露出一丝不悦和厌烦的表情。

因此，销售人员在出门会客之前，为了保证和对方有比较平等和谐的交流状态，就应该灵活选择不同的方式来协调。

这就要求你提前了解要会面的人的身高体型情况，假如对方的个子比你高，女士可以选择穿高跟鞋，男士可以选择通过服饰来改变视觉上的身高，例如穿显个头的条状纹路裤子，避免穿较长的衬衫，等等。在见到对方时，热情握手，然后找个合适的地方坐下聊天，避免站着聊天。假如对方的个子比你矮，而且对方是一个很敏感的人，在出门时千万不要穿高跟鞋，否则会让自己和对方的身高差距更大，要穿平底鞋，而且在见面时不要走在地势较高的地方，还要让对方走在地势相对高的地方。

坐在消费者身边，而不是对面

据说在巴黎，坐在露天咖啡座上的观光客不论彼此认识与否，都会和蔼亲切地交谈。当大家都坐在阳台的椅子上面向着马路时，情绪稳定，谈话很投机，视线也不会经常对峙，只有在彼此产生共鸣或感动时，才会斜向交换一下视线，所以不会感受到负担或压力，可以自然地沟通感情。而一般的咖啡厅设计的桌子都是让顾客面对面而坐，彼此视线会相对。即使对方是可以相互肯定、理解的对象，但依然会令人觉得有点别扭。也许就是这个缘故，国外越来越多的咖啡厅把桌椅设计成沿着墙壁排列。

由上述事实我们可以了解，坐在身边的人比坐在对面的人更容易与对方产生亲密感。因此，如果销售人员想与消费者建立更加和谐的关系，不妨在交谈时把椅子安排成并排的形式。

永远让对方先挂电话

对销售人员来说，打电话是家常便饭的事情。但是通话结束后该怎么做，谁先挂电话，这是许多销售人员没有注意的细节，也许有的销售员会这样说："注意这个干吗？谁想挂谁就先挂了呗。"其实这是销售的一个误区。

对于销售人员来说，消费者可以先挂你的电话，但是你绝不能先挂对方的电话，这是个礼节问题。而且，从心理学的角度来说，被挂电话的一方总会有一种失落感。由此，对方就会对于你之前谈话时表现出来的诚意及良好印象大打折扣。另外，这也会让对方觉得你在处理事情时，较为粗枝大叶，因此，对于所商谈的合作事宜或所交付工作的完成质量，对方可能就会在信任度上产生怀疑。

因此，无论对方的态度是多么恶劣，你也得让对方先挂电话，直到电话的这头响起了忙音，你才可以挂上电话。这虽然是个很小很小的细节，但往往就是这么个小的细节，也决定着销售成功与否。

不说对方听不懂的专业术语

许多销售人员在向消费者介绍产品时，都习惯用一些专业术语。例如有些销售员喜欢把"故障"说成"Trouble"，把"机械构造"说成"Machanical"，这些用语若用在同行之间，往往能发挥节省说话时间、加强彼此亲密感及提升效率等效用。但是，消费者却根本就不明白这句话的意思。如果是忽略细节的销售人员，因为平常和同事之间经常使用，因此早就养成了习惯，在面对消费者的时候就会很自然地就挂在嘴上，而忘了消费者是否听得懂。这样的讲解将得不偿失，反而会降低消费者对产品说明的兴趣。

当然，有时候也需要你用专业性的讲解来让消费者对你产生信任感，但是这种专业性要以消费者能听懂为前提，如果你判断消费者不能听懂的时候，可以恰当地利用举例子、打比方等修辞来给消费者解释，或者干脆介绍时用语普通点，这样才能让消费者充分快速地了解到产品的特质。要是你只顾着从专业的角度为消费者介绍产品，却不顾及消费者的感受，那一定是一次失败的营销。

总之，销售人员一定要注意自己的一言一行，那些被你忽略了的小事，也许往往就是你销售失败的原因。做好每一件你与消费者之间发生的小事，即使一次不能成功，也会有许多继续接近成功的机会。

告别很重要——“去时要比来时美”

好不容易签订了销售合约，消费者与销售人员都松了一口气。这时候，销售人员往往认为已经大功告成了，于是想尽早回公司，或者向同事报喜，或者庆祝一番。但是如果只是说一些应酬的话，敷衍了事，然后立刻就走，一定会再度让消费者产生不安全感。对方心里会想：“我签完字，你马上就要走，我会不会上当了啊……就算不是欺诈，但是这个销售员也太没礼貌了，下次再也不找他了。”

所以说，销售人员如果想要让消费者百分之百满意，签订契约之后的言行是非常重要的。不只是为了使消费者现在满意，更重要的是将来还有机会与之再次交易，所以一定要建立良好的关系。

那么，成交之后该如何与消费者告别，才能既不能失了礼貌，也不能留下来碍事呢?

告别态度：做到不卑不亢

不要采取高傲得不可一世的态度，好像是你把对方给打败了。如果是这样的话，消费者一定会勃然大怒，不但订单可能被取消，你也会被扫地出门，而且将来休想再和他做成一笔生意。这种损失就大了，无法计算。

也不要“感恩戴德”。许多缺乏经验的销售人员由于精神紧张，加上签单成功的喜悦，往往不知所措：谢天谢地，洽谈总算结束了，合同总算搞到手了！于是，不由自主地对消费者流露出感谢之情，并且倾向于用连珠炮式的语言把压抑的情感发泄出来。在此请牢记，消费者跟你达成合作意向是正常的商业交易，并不是对你的恩赐，并不是在帮你，做买卖是一种互利的交易，如果你得到订单后的反应是如释重负，买主则既会看不起你，也会对你的商品产生怀疑。所以，务必要掌控好情绪，做到不卑不亢。

告别时机：尊重客户意愿

拿到订单后还有一个问题，就是你是应当立刻离去，还是应当再呆一会儿呢？这要看消费者想不想让你留下，要看具体情况而定。一般来说，你还是较早地离去为好，但是，不论对方留你与否，有一点绝对没错：头一个站起来的应当是推销人员。如果是消费者先站起来与你握手，并把你送到门口，那就说明你呆得时间太久，不受欢迎了。

告别语言：强调售后服务

强调万全的售后服务的话题，对签约后的消费者而言，这是他们最开心的。你可以说："如果你发现产品有什么不满意的地方，请你立刻和我联络，我会很快地来为你服务。保证期限是一年，万一发生了什么故障，也请你和我联络，我一定会尽力为你服务。"或者说："以后如果你还需要这方面的产品，请你和我联络，这里一定比普通商店服务得更周到。"这也是为日后铺路的最好话题。

另外，对销售人员来说，不一定一次就访问成功，你可能要跑好几趟，那么请记住：每一次的辞别都是决定下次访问是否受到欢迎的关键。正如一首诗无论开头多么"气势磅礴"，若结尾软弱无力，都不会是首好诗。但如果开头平淡无奇，而结尾句余韵无穷、意境深远，却堪称是首好诗。"去时要比来时美"，一定会给消费者留下深刻的好印象，从而为自己的销售业绩再添上华丽的一笔。

消费过程中的感受比商品本身更重要

消费者掏钱买的固然是产品、是服务，但同时买的也是心情。让消费者得到应有的关怀、体贴和愉悦感受，有时候远远要比产品质量和你的专业水平更能打动他们的心。

看似无关紧要的闲聊却往往必不可少

闲聊的“闲”这个字，总能让人联想到“无关紧要”，因此大家很自然地认为闲聊也是无关紧要的。但许多事实证明，闲聊是一种重要的沟通方式。

从社会心理学的角度看，人们往往会根据闲聊的内容，是否喜欢闲聊，或怎样与人闲聊，来判断人的性情。善于闲聊的人，会让人觉得亲切随和，而不善于闲聊的人常被冠以“清高”之名，使人感到难以接近。因此，闲聊这种看似琐碎的细节，是决定交际成败的关键。而且，闲聊可以保持沟通过程的有效性。闲聊中的表情动作以及姿势都能传递一些心理信息给对方，让对方觉得你是一个亲切与可信赖的人。

此外，闲聊对于谈判等“正经事”也具有微妙的促进作用。一些有经验的谈话者在正式进入谈话主题前，总会谈些与主题无关的“废话”，比如谈谈天气，拉拉家常，讲讲趣闻等。一些社交高手，如政治家、新闻记者，都善于利用这种方式来拉近与对方的距离。

同样，销售人员也可将其普及到自己的商务需求中。事实上，在商业谈判中，真正成功的商业谈判的前提正是闲聊中的各自满足，这样才会有进一步利益上的合作。通过闲聊，可以使相互不认识、不了解的双方，为达成一个共同的目标做个铺垫。

不过，在这个过程中所谓的“闲”，不是空洞的，而是有针对性有目的性地去引导对方，达到获取所需信息的真正目的。

一般来说，销售员在与消费者闲聊的时候有必要注意以下三点：

话题上：引发兴趣

什么样的话题是恰当的闲聊话题呢?

其实，凡是能引起对方兴致的话题都可以作为闲聊的话题。咨询公司查尔芬集团的CEO罗伯特·查尔芬举了一个很好的例子。他有个客户是IT公司的老板，希望卖掉自己的生意，于是请一个有意的买家吃饭。买家在闲聊时谈起他带儿子钓鱼的情景。“这段谈话之后，大家的警惕情绪和对谈判的种种疑问都豁然消解了。”查尔芬说。这位老板并不热衷于钓鱼，但重要的是双方对家庭和业余生活都十分重视，因此这顿饭最终敲定了交易。

一般来讲，在闲聊时我们可以选择以下的话题作为开始：

天气。天气几乎是中外人士最常用的普遍的话题。天气对于生活的影响太大了，天气很好，不妨同声赞美；天气太热，也不妨交换一下彼此的苦恼；如果有什么台风、暴雨或是季节性流行病的消息，更值得拿出来谈谈，因为那是人人都关心的话题。

新闻。轰动一时的社会新闻也是闲谈的资料。假使你有一些特有的新闻或特殊的意见和看法，那足可以把一批消费者吸引在你的周围。

保健。怎样可以增强体质、怎样可以减肥等等医疗保健的话题，这也是人人都感兴趣的话题。特别在遇到消费者的朋友或其家人健康有问题的时候，假如你能向他提供有价值的意见，那他更是会对你非常感激的。

笑话。自己闹过的有些无伤大雅的笑话，像买东西上当、语言上的误会一类的笑话，多数人都爱听。开开自己的玩笑，除了能够博人一笑之外，还会使消费者觉得你为人很随和，很容易相处。

家庭。关于每个家庭里需要知道的各方面的知识，例如儿童教育、购物经验、夫妇之间怎样相处、亲友之间的交际应酬、家庭布置等，也会使大多数人产生兴趣，特别是家庭主妇类消费者尤其关心这类问题。

此外，运动、娱乐、政治和宗教等等，还有许多话题都可以作为闲谈的资料。

态度上：热情友善

闲聊时选择合适的方式、合适的语句是非常必要的，但这合适的方式、语句的表示，还有赖于主动热情、诚实友善的态度。只有把这三者有机地结合起来，闲聊的目的才能达到。试想，当别人用冷冰冰的态度对你说“我很高兴见到你”时，你会有一种什么样的感觉？当别人用不屑一顾的态度夸奖你“我发现你很精明能干”时，你又会做何感想？推己及人，我们闲聊时就不能不注意态度。

时间上：适可而止

做任何事情都应有个“度”，闲聊也不例外。恰当适度的闲聊有益于打开谈话的局面，但切忌没完没了，时间过长（当然，对方特别有兴致聊时例外）。有经验的推销员，总是善于从闲聊中找到契机，因势利导，言归正传。因为别忘了，闲聊再重要，也毕竟只是为销售做准备的，它就好比是在体育比赛之前的热身运动一样，否则就本末倒置了。

总之，闲聊用得恰到好处便能锦上添花，促进你与对方的交往。

通过闲聊，可以使双方放松一些，熟悉一些，造成一种有利于交谈的氛围。通过交谈，大家可以更加了解对方，有利于找到共同的话题，有利于采用策略进行深入的交谈。所以在和消费者的交流中，切不可轻视闲聊的作用。

投其所好，把话说到消费者心坎上

在销售的过程中，你一定碰到过这样的情况：自己已经使出浑身解数向消费者推销产品，却还是吃力不讨好；而那些和消费者说说笑笑，对产品只是只字片语一带而过的推销员却能够成功地征服消费者。这是为什么呢？

其实，这其中的关键就在于能否投其所好地把话说到消费者的心坎上。美国名人戴尔·卡耐基也曾说过："一个人的成功，约有10%取决于知识和技术，85%取决于人类工程——发表自己意见的能力和激发他人热忱的能力。"可见语言表达能力的重要。尤其是对于"靠嘴吃饭"的销售人员来说，把话说到消费者的心坎上，就等于推销成功了一大半。

刚开始接触的时候，很多消费者都会不自觉地对推销人员感到很厌烦，不过，当你巧妙地聊起了消费者感兴趣的话题之后，就可以消除双方之间的陌生感，拉近彼此的距离，赢得进一步交流的空间，并最终交易成功。你可以这样做：

把话题对准消费者

美国的金牌寿险推销员乔·库尔曼，把自己的成功归结为一句具有魔力的话："请问您是怎么开始您的事业的？"他用一个很典型的例子论证了这种魔力。

在他刚开始推销时，曾经遇见了一家工厂的老板，名叫罗斯。罗斯平常工作忙得不可开交，许多推销员都对他无计可施，可是库尔曼却成功地让这个人买了自己的保险。当时推销的情境如下：

库尔曼："您好，我是乔·库尔曼，是保险公司的推销员。"

罗斯："又是推销员。今天，你已经是第10个来我这里的推销员了。我手上有很多事情要做，没有时间听你说话。快走吧，别再烦我了，我没有时间！"

库尔曼："请允许我自我介绍一下，只需10分钟。"

罗斯："难道你听不明白吗？我根本就没有时间！"

这时候，库尔曼低下头去用了整整一分钟的时间看放在地板上的产品，然后张口问道："您干这一行有多长时间了？"

罗斯说："哦，22年了。"

库尔曼不失时机地接了下去，继续问道："您是怎么开始做这个的？"

这句话立即在罗斯身上产生了不可抗拒的魔力。他开始滔滔不绝地谈了起来，从早年的不幸到创业的艰辛，再到自己取得的成绩，一口气谈了一个多小时。最后，罗斯还热情地邀请库尔曼参观自己的工厂。那一次会面，库尔曼并没有卖出去保险，但是他却和罗斯成了朋友。然而，在接下来的三年里，罗斯却先后从库尔曼那里买走了4份保险。

从经历入手——"您是怎么开始您的事业的"，其实就是为了提及对方喜欢的话题，引起对方的兴趣，从而进一步沟通，获得推销的成功。

"制造"共同嗜好

社会心理学研究表明，人们都乐于同与自已有相似点的人交往、谈话。因为相似因素既能有效地减少双方的恐惧和不安，解除戒备，具有可以共同接受的信息，能有相同相似的理解，产生相同、相近的情绪体验，进而在感情上产生共鸣。如果销售员可以将消费者的嗜好作为突破口，巧妙的“制造”出你们的共同点，就会大大提高“作战”成功的可能。

例如下面这个例子：

一保险推销员，曾向一位大制造商推销人寿保险，但一次也没有成功。

但是他并没有放弃这一单大买卖，他开始通过各种渠道了解这位大制造商。终于发现原来这位大制造商本是四川人，虽然早已在北京居住，但是还是特别喜欢吃火锅，经常与朋友一起去一家叫“特色四川火锅”的饭店吃饭。

掌握了这个信息后，推销员决定当晚便去这家饭店门口“守株待兔”。等看到大制造商的车开了过来，他适时出现，表现出偶遇的样子与大制造商打招呼。大制造商显得很惊讶，问：“你怎么在这儿？”推销员解释说自己喜欢吃火锅，朋友推荐了这家饭店。制造商听后很高兴说了句：“原来你也好这口，就你自己嘛，不介意的话就和我和我的朋友一块儿吧。”

吃饭过程中，推销员并没有提保险的事儿，而是像朋友一样拉家常，聊小孩儿。倒是在快吃晚饭的时候，制造商自己提出了保险的事儿，并让推销员有空去一下他办公室。

这个保险推销员正是抓住了制造商常去吃火锅的嗜好，才为自己赢得了这次机会。

事实上，有些寻常的生活细节，在普通人看来再平常不过，但是营销高手却能从中抓住机会，玩出名堂来。所以，有时候最好还是多留意一下消费者的生活细节，这并不会花很多时间，却会给你带来意想不到的收获。

正如台湾著名成功学家林道安所说："一个人不会说话，那是因为他不知道对方需要听什么样的话；假如你能像一个侦察兵一样看透对方的心理活动，你就知道说话的力量有多么巨大了！"当销售人员可以做到把话说到消费者的心坎上时，语言沟通就成为了维护双方关系的"润滑剂"，进而有助于销售朝着预期的目标顺利进行。

人性化销售更能打动消费者的心

随着社会的进步和消费者认识水平的提高，他们所要求的不单单是一个产品，更重要的是一种人性化的服务。因此，销售人员在销售过程中应努力让消费者得到应有的关怀、体贴和愉悦，这些有时候远远要比产品质量更能打动消费者。毕竟商品只是一种冰冷的东西，没有销售人员人性化服务的温暖，它的价值也就不过如此。

那么，如何才能做到人性化地销售产品呢？下面这几点建议或许可以帮助你赢得消费者的心：

多一些关怀

人人渴望被重视，也渴望被关怀。关怀是一种自内心而发的真挚感情，情感的力量是强大的，有时候比商品本身、商业项目、交易规模都重要。多一些关怀就能体现出销售人员的人性化，就能维系销售人员与消费者之间的感情。

有一位销售人员，每次上门去推销的时候，并不急着和消费者谈"业务"，而是先询问、关心一下他们的家事。"老张，听说你儿子住院了，最近他身体好些了吗？""小陈，你家盖新房了，平时有什么需要帮忙的尽管说一声。"……还会主动帮消费者整理柜台、张贴价格标签等。这让这位销售人员非常受欢迎。

销售人员的一声问候、一句关心，一件平常小事，能给人一种亲切感，让消费者感觉你就像关心自己的“亲人”一样关心自己，形如“一家人”，这无形中就增进了你与消费者之间的“亲情”关系。一旦消费者认定你是真正关怀他，真心为了他考虑，不管一些细节如何变换，他都会向你购买。

多一些真诚

真诚对待消费者，这是人性化销售工作的核心理念。世界上最伟大的销售员乔·吉拉德就曾说：“所有最重要的事情，就是要对自己真诚；并且就如同黑夜跟随白天那样的肯定，你不能再对其他人虚伪。”吉拉德了解消费者心目中关于销售员的恶劣形象，他更加努力要做一个对消费者讲诚信，并让消费者可以信赖的销售员。其实，这对于吉拉德来说，不仅仅是一件有关名声、信用的问题，而是一件求生存的事情。“说真话”使他成为世界上最伟大的销售员。他总是面对面地非常诚恳地对每一个消费者说：“我不仅站在我出售的每一部车子后面，我同时也站在它们的前面。”

对于销售员来说，真诚既是一种品质，又是一种技巧，只有当消费者感受到你真诚的关怀，诚心的尊重，销售才有成功可言。真诚大于技巧的大智慧是销售的最高境界。

多一些幽默

销售人员是靠嘴吃饭的，所以，一名出色的销售人员一定有出色的口才。只有有了出色的口才，才能够让消费者感受到你的魅力，才乐意购买你的产品。而这，首先就是从幽默的魅力展现开始的。

例如，一个年轻小伙向一位老人家推销放大镜，眼看就要成交了，但老人家忽然看到小伙子手上有一块刺青，老人立马说不要了。小伙子眼角瞟见老人看到自己有刺青才说不要购买的这一举动，小伙子灵机一动说：“低价未必没有好货，就像我手上有刺青一样，有刺青的不一定是流氓，他可能是岳飞。”见到小伙子这么一说，老人家竖起大拇指，连说：“小伙子不错，我买了！”

“货卖不成话不到，话语一到卖三俏。”运用幽默技巧，既充分展示了一个销售人员的个人魅力，同时又能帮你达到销售目的，创造更亲近的友谊关系。

总之，你要记住：消费者购买的不仅仅是产品，更是销售人员的服务态度和精神。在这种人性化销售理念的指导下，你一定可以获得巨大成功。

你出现的次数左右着消费者的决定

我们都知道，恋爱中有一个技巧是“日久生情”，即两个人在一起接触的时间长了，就会在不知不觉中产生感情。其实，在消费过程中，消费者与销售人员也会“日久生情”。

不是信口雌黄，这也是有心理学依据的。心理学家就曾经做过这样一个实验：选取一系列测试者把12个素不相识的人的照片给测试者看。照片分为6组，每组两张。第一组两张只看一次，第二组两张看2次，第三组看4次，第四组看6次，第五组看8次，第六组两张照片不予观看。被测试者看完照片后，要求按照自己的欣赏程度对照片给予评价。结果表明，凡是被看的次数多的照片，被接受的程度也就越高。

这个实验就充分证明了“日久生情”的存在。在进行消费活动时，消费者总是喜欢和熟悉的销售人员谈交易，也就是我们经常说的“脸儿熟”。从这个角度而言，销售人员同消费者“脸儿熟”，甚至成为朋友，往往能够在销售时起到推波助澜的作用。相反，如果久未联系，销售人员与消费者的关系自然会慢慢淡下去。不仅如此，因为消费者与销售人员的经历不同，接触的人和事有差异，渐渐地会导致观念的改变。如果双方长期不进行沟通、交换新信息，双方观念的差距可能会变得越来越大。

而且，需要经常联系的消费者，既包括已经成交的，也包括那些暂时未成交的。在消费活动中，很多销售人员常常强调通过售后服务等手段与自己成交了的消费者建立关系，对于那些一次交易不成的消费者，就完全放弃，不管不问了。这是销售人员常犯的一个错误。实际上，与未成交的消费者建立良好的关系同样十分必要，如果在消费者拒绝采取购买行动之后，销售人员从此不再与消费者接触，不再与之发展关系，也就失去了改变消费者态度的机会。其实，未成交的消费者中的大部分仍然是合适的成交对象，仍需进一步争取。为了说服某一消费者购买产品，销售人员常常要做第二次、第三次甚至更多次的访问，“日久生情”，就很可能会改变消费者原来的认识，你也会有更多机会说服他们采取购买行动。

为了方便与消费者保持联系，我们要记录所有关于现有及潜在消费者的有用信息，并利用现在发达的通讯方式，与消费者保持长期的联系。从方法上来说，经常使用的有下面几种。

电话

电话联系是销售人员与消费者联系的最常用方法，包括打电话和发信息两种方式。

打电话时，销售人员需目标明确，比如了解消费者是否收到资料，尽可能地通过提问的方式从消费者那里获取更多的信息。如果是多次联系后，销售人员还应在每次开始对话时简述上次电话的要点和与本次电话之间的联系，让消费者回忆起上次谈话的要点，如双方都做过的承诺等，同时，陈述本次打电话的目的。而且，销售人员在与消费者进行电话沟通的过程中，最好还能有些新的、有价值的东西，让消费者感到每次通电话后都有所收获。

短信，最常用于节日问候和生日祝福等领域。值得注意的是，销售人员在发短信时，要慎重使用产品和服务介绍，以免引起消费者的反感。

网络

网络，也是一种比较好的与消费者保持长期联系的方法。包括：

聊天软件：当下，微信、QQ等网络沟通工具已经成了很普遍的交流工具，这种交流工具为销售人员与消费者的沟通提供了便利。而且，也更容易让销售人员与消费者通过聊天成为朋友。

电子邮件：通过群发电子邮件可以与所有的消费者保持一种比较密切的联系，像节日问候和新产品的介绍等都可以通过电子邮件完成。比如，很多公司都会制作公司简讯，每隔一段时间向消费者发送一封电子邮件，这样做的好处是不让那些暂时没有需求的消费者忘记自己。

邮寄

邮寄信件或明信片：许多销售人员用电子邮件的方式代替明信片和手写信件，因为这种方式成本更低、效率更高。但是，传统的手写信件或明信片在销售中仍然有着不可估量的作用，因为现代人收到信件或明信片的数量大幅下降。此时，销售人员若采用信件或明信片的方式，可以给消费者与众不同的感觉。

邮寄礼品：在条件允许的情况下，在节假日来临时，销售人员可以给消费者寄些实用的礼品，这是实施情感销售的一个必要环节，小小的礼品不一定很昂贵，却能让消费者感受到销售人员的关心。

联谊

这种方式特别适合那些以关系为导向的销售人员，同时也适合业务地域比较明显的行业，例如电信行业和金融行业等。如果条件允许，定期举办各种主题的联谊活动，可以进一步增强与消费者之间的关系。

总之，销售人员必须经常通过不同的方式与消费者沟通，互相交换信息，倾听他们的抱怨和要求，维持双方持久的关系，这样才能加深销售人员在消费者心中的印象，从而继续影响消费者未来的购买行为。当然，你还需要注意，事物都是相对的，不是所有的频繁接触都会起到好的作用，如果第一次就让人讨厌的话，估计以后的频繁接触只会愈发强化矛盾。还有就是，不要只看重交流的次数，也要关注交流的内容是否与自己的生意相关，以及交流性质的好坏。

永远站在消费者立场是一切销售的基础

相信很多销售人员听过并奉行着这样的商扬名言——“以盈利为唯一目标”。于是，在这一原则的指导下，他们为了使自己获得更多的利益，总是不惜去损害消费者的利益。他们或者诱导消费者购买一些质量差但价格高的商品，或者是买完之后就感觉事情已经与自己无关，对消费者在使用过程当中出现的任何问题都是不闻不问的……

这样做的结果可能使销售人员在短时间内获得不菲的收益，但是从长远来看，对销售人员的发展却是极为不利的。因为如果消费者的利益受到损害的话，这无疑将会降低他们对于销售人员的信任感，长此以往，大量的消费者流失也就是必然的了。

相反，在销售的过程当中，如果销售人员能够将消费者所面临的问题当作自己的问题来解决，而不是进行“一锤子买卖”，无疑将会增进彼此之间的信任，这样，销售人员同消费者之间的关系也将更加稳固，合作才会更加长久。

下面，我们就为销售人员提供几种成功的方案：

恰当的商业用语

销售人员与消费者沟通的第一要素就是语言。因此，要想让消费者明白你是在为他着想，运用恰当的商业用语就可以第一时间达到目的。

在某小百货店，有一位消费者走进来，服务员见消费者走近柜台边走边看，好像在寻找着什么，但又漫不经心，就判断他是想买东西但又不十分着急。于是服务员迎上去，热情地问：“先生，您需要点什么？”

“我随便看看。”

“好，您要看什么我给您拿，不买也不要紧。”

似乎是服务员的盛情难却，消费者便说：“请把那套餐具拿给我看看。”

服务员随手拿过两套餐具，同时介绍了这种餐具的质量、特点，还说明这种餐具很是畅销，目前只剩下了这两套。消费者听了，便掏钱买了一套。

临走时，消费者说：“本来我并不打算马上买，只想顺便来看看有没有花色好一点儿的，你那句‘不买也不要紧’，使我动了心。”

这位服务员善于观察判断，而且时时为消费者着想，服务用语起到了很好的促销作用，于是做成了这笔买卖。

以消费者利益为先

消费者需要的是关心和重视。销售人员若能以消费者利益为先，悉心地为其提供周到的服务和帮助，替他们解决问题和困难，消费者才会意识到你是在帮助他，而非从他口袋里掏钱，继而降低心理防线，放心地接受你。

美国寿险奇才巴哈就是这样的人：有一次，巴哈遇到这样一个消费者，他对巴哈说：“我要为我自己买5000美元的寿险，我还要为我的太太与三个小孩子各买1000美元的寿险。”对于一般人来说，听到这句话一定会欣喜若狂，赶紧为客户办理业务。但巴哈却开口纠正消费者：“寿险的目的是要当父亲的去保护孩子，而不是要子女去保护父亲。”最后，消费者接受巴哈建议，只为自己买了5000美元的寿险。不过，虽然这笔生意减少了，但这位消费者却成为巴哈忠实的老客户。

巴哈成功的秘诀就在于：图利消费者——使消费者在他身上得到的利益大于他从消费者身上得到的利益。用巴哈自己的话说就是："你应该设身处地为消费者着想，为他设计最适合的保险，只要你使他觉得你的服务不同凡响，你就处在有利的地位了。"

当然，不止这些。只要销售人员抱定真诚为消费者着想的态度，就可以无坚不摧，没有办不成的事情。

你要知道，销售人员与消费者之间的关系不是对立的，也不是此消彼长的，而应该是互利的。你要学会像对待朋友那样对待你的消费者，要亲切友好，不斤斤计较，让对方知道你真诚的合作愿望，这样会让消费者在心理上得到极大的满足感，他会认为与你合作非常放心，自然也就会很容易促成销售的成功，并保持长期合作的状态。

在消费者面前让自己的人品先行

在市场经济快速发展的今天，销售人员之间的竞争也日益激烈，在推销产品时难免会遇到同行的竞争。于是，我们经常会听到诸如这样的论调："听说购买他家商品的人都反应他家的货不实在"或者"他家的水果农药含量超标，最好别买他家的"甚至还有"他家的食品含有防腐剂，都被查出过呢，千万别买，还是买我家的吧，我家可是拿了认证的"。

结果真的会像说这些话的销售人员想的那样，能够给竞争对手以打击，从而赢得消费者的心吗?

实际上，恰恰相反，当消费者听到这样的话语时，往往会质疑销售人员的人品。攻击竞争对手，这种损人不利己的行为不仅不会获得消费者的信任，反而可能将消费者拱手相让。最终受到伤害的只能是自己，销售人员在销售活动中一定要明白这个道理。

事实上，有时候不失时机地夸赞竞争对手反而可以获得意想不到的结果。曾经有一位销售员，他在一家机械设备公司已经工作半年了，却没有拿到一张订单。后经人介绍，自己也费了九牛二虎之力，终于谈成了一笔50多万的生意。然而，就在即将签单的时候，他却发现有一家公司的设备更适合这位消费者，并且价格也比他们低很多。“怎么办？该不该告诉他？如果告诉了他我那1万多元的提成就泡汤了，而且还会受到上司的责备……”最终，这个销售员的商业道德还是战胜了自私自利。他坦诚地将实际情况告诉了消费者，消费者感动得无法用语言来表达。当然，销售员也失去了这笔生意。不过，他却赢得了这位消费者的信任，还与他成了朋友。在后来的一年中，他仅通过这位消费者介绍就做成了好几百万的生意，在业内赢得了很高的声誉。

也许会有很多人无法理解这个销售员的做法，到手的生意为什么要放弃呢？但我们最后看到的是他虽然失去了一笔生意，却因此得到了更多的生意，塞翁失马焉知非福，哪怕是对竞争对手有利，也以消费者利益为先，在消费者面前让自己的人品先行，那么订单自然就水到渠成了。

如果你实在做不到将生意拱手相让，至少也要做到不贬低诽谤同行业产品，这是作为一个销售人员铁的纪律。请记住：把别人的产品说的得不偿失、一无是处绝不会给自己的产品增加一点好处。

一名采购人员这样讲述了自己的一次经历：

一次，他在市场上招标时，需要购入一大批包装箱。收到的两项投标中，一项来自曾与自己做过多次生意的公司，另一个来自一个陌生的公司。那个曾经做过不少次生意的公司的销售经理找上门来，询问他还有哪家公司投标。他告诉这名销售经理是哪个公司，没有告诉他其他信息。这名经理马上说那家公司太小了，根本无法按照要求发货，很有可能耽误供货时间，选择那家公司是很有风险的等等。采购员听完这些话后，明显感到了这名经理对于另一家公司的攻击。这番话反而引起了采购员对于那家小公司的兴趣，于是他去了那家公司进行考察。结果，这名采购员同那家小公司签了订单。

其实，做生意就像是做人，背后说人是非，暴露的是自己品德的缺失。在生意中攻击竞争对手，危害的是自己的形象，只会使自己失去消费者的拥护。

消费需要好产品更需要好服务

在注重体验的今天，消费更注重满足顾客的心理感受。一件产品已经不是仅仅质量好就可以销售出去，除了质量好之外，还需要服务好，消费者才会心甘情愿地掏腰包。

为服务“打包”，胜过为产品“打包”

有许多做推销工作的人员，干的时间不长就很狼狈地走人了，为什么呢？因为他们缺乏长远的眼光，他们在一次推销成交之后就以为推销活动也就结束了，但顾客显然不这么认为。顾客不喜欢那种“恭维他们给他们各种承诺，然后遗忘他们”玩一锤子买卖的推销员。交易完成之后，顾客对推销员又恢复了陌生人的感觉，这只会引起顾客不满。

顾客在购买产品后的使用过程中，同样会对产品的有关问题提出意见，对此推销员应给予足够的重视。那种“货已出门，概不退换”的做法既损害了顾客的利益，同时也损害了企业的形象，也断送了自己的推销生涯。

在推销活动中，顾客对推销服务的不满大致有以下原因：推销前未能向顾客提供足够的企业信息和产品的信息；推销中的服务内容、服务质量不能令顾客满意，例如，没有及时提供样品、说明书及耐心细致的产品演示等；推销后的服务中，如顾客所需的信息、运输、安装、调试、指导使用、维修以及技术培训等，未能及时跟上，甚至毫无保证。

推销服务是整个推销活动中不可或缺的、极其重要的组成部分。在购买商品时得到热情周到的服务是顾客的普遍心理，所以推销服务具有重要而深远的意义。一个推销员在直接或间接地提供服务时，它的质量高低，不仅关系到是否能做成一笔买卖，而且关系到整个企业的信誉。

推销员的低劣服务，往往会导致顾客不满，从而使企业丧失利润，而且更重要的是使企业丧失了市场竞争能力，给企业带来巨大的损失。

那么，怎样才能让推销服务为自己争取订单呢？为顾客的服务“打包”是一个有效手段。

这需要在销售工作中制定出一套详细的服务标准，以此来促进员工对顾客进行规范化、标准化服务。制定服务标准应从顾客的需求出发，以优质服务为准则，准则应尽量具体，以便员工执行。

海尔的“12345”法则：1个证件，上门服务要出示上岗证；2个公开，公开统一收费标准并按标准收费，公开出示维修或安装记录单并在履行完毕后请顾客签署意见；3个到位，服务后清理现场到位，通电试机演示到位，向服客讲明使用知识到位；4个不准，不准喝顾客的水，不准抽顾客的烟，不准吃顾客的饭，不准要顾客的礼品；5个一，递一张名片，穿一双拖鞋，自带一块垫布，自带一块抹布，赠送一件小礼品。

服务标准必须让员工理解并接受，这样更便于执行和落实。因此，商家可以发动员工参与制定服务标准，这样可以获得员工的支持和理解。一般认为，评价服务质量主要有以下标准。

可行性

服务标准要既切实可行又有挑战性。如果商家制定的服务标准太高，员工无法达到，员工就会产生不满情绪；如果标准过低，又无法促使员工提高服务质量。既切实可行又有挑战性的质量标准，方能激励员工努力做好服务工作。

感知性

指商家为顾客提供的各种设施、设备，及服务人员的仪表等，通过这些真实、可见的部分来使顾客感受到服务的实质。这些有形的展示会直接影响到顾客对服务质量的感知。

可靠性

可靠性指商家应兑现自己所承诺的服务。在服务过程中，尽可能避免发生失误，应以优质的服务获得顾客认可。

保证性

主要指服务人员的友好态度与胜任能力。服务人员较高的知识技能和良好的服务态度，能增强顾客对服务质量的信任度和安全感。在服务产品不断推陈出新的今天，顾客同知识渊博而又友好和善的服务人员打交道，无疑会产生更多的信任感。

移情性

指商家和服务人员能设身处地为顾客着想，努力满足顾客的要求。这就要求服务人员有一种投入的精神，想顾客之所想，急顾客之所需，对顾客的需求千方百计地予以满足，给予顾客充分的关心和体贴，使服务过程充满人情味。

为服务打包，会有力地促进顾客对产品的认同感，增强顾客对产品的情感，直接地促进产品销售，所以一定要做好为顾客服务的“打包”工作。从这个角度上讲，为服务“打包”胜过为产品“打包”。

用靠谱的承诺消除顾客心理疑虑

在购买中，有些顾客表现出对购买的疑虑，是因为害怕承担购买产品或服务的风险。如果销售员能提供一份可靠的承诺，使顾客的购买行为变得毫无风险，或者至少能够最大限度地降低风险，就会大大地消除顾客的这种疑虑。

当然，提供任何产品和服务都是有风险的，这一点可以理解，但是通过陈述并且宣传你的保证和承诺，你商业前景上的风险就会减弱，并且大大提高潜在顾客对你的信任，加强他们购买的意愿，并最终促使顾客和你成交。

销售员宋俞向某公司推销软件系统，他在与该公司的负责人商谈时，就适当地运用了承诺，结果签下了一笔大订单。

这家公司的软件系统时常出毛病，严重地影响了公司的工作效率。经过研究，该公司决定投入大笔资金，全面更新公司的软件系统。

小宋获得这个消息后，就前来洽谈这一笔生意。通过努力，这一公司的相关负责人对小宋推销的软件系统终于有了一点意向。但是，鉴于以前购买的软件系统质量不高，经理迟迟不肯签单，希望能另外找到质量和性能更可靠、价格更优惠的软件系统。

面对这种情况，小宋向经理保证："如果贵公司采用了我们的软件我抽时间亲自给你免费送货，免费安装，全程安装都由我亲自监督，等你验收！

"假如在运行当中因我提供的软件有问题，我承诺：除了软件不要钱外，还包赔因此而带来的一切缺失。"

该公司经理看到小宋的态度如此自信坚定，想了一会儿，说：“好，那就试试吧！”

于是，小宋顺利地与该公司做成了这笔交易。

在销售过程中，每当顾客遇到产品的单价过高、总额比较大、风险比较大、对此种产品并不是十分了解、对其特性质量也没有把握时，产生心理障碍或成交时犹豫不决的现象是非常正常的。对此，销售员应该及时向顾客做出承诺，提出保证，增强顾客的信心，促使顾客签单。

在上面的实例中，那家公司要更换软件系统，由于数额较大，而且对软件的信心不足，因此该公司负责人在签单前显得犹豫不决。此时，销售员如果不能进一步地承诺，做出坚决的保证，恐怕订单就拿不到手。

向顾客承诺的最大优点就在于能够增强说服力，尤其是当销售员信誓旦旦地保证或者承诺顾客可以实现什么利益时，顾客往往能够迅速达成交易。但是，销售员在使用这种方法时，也需要注意一些问题。

承诺必须依据能力来进行

这是非常重要的一点。试想，一个手机销售员向顾客承诺，购买这款手机一个月内出现问题，十倍价值赔偿，肯定是没有人相信的。事实是承诺的依据，这里所指的事实既指顾客所需要承诺的事实，又指产品本身和企业本身的事实。销售员千万不要做出无法兑现的承诺，否则就是坑蒙拐骗，毫无信誉可言；在这种情况下，销售员要想利用承诺的方法促成订单，不仅不能促成顾客迅速签单，反而会导致顾客的不信任。

要看准顾客的成交心理障碍

在销售过程中，销售员只有看准顾客的成交心理障碍，针对顾客所担心的几个主要问题直接做出承诺，提供保证，才能够有效地消除顾客的后顾之忧，增强顾客成交的信心，促使顾客下决心签单。否则，如果不知道顾客的成交心理障碍所在，那么很容易做出不利于自身的保证和承诺。

美国有一个销售员向日本人推销产品，日本人慢条斯理地将该销售员提出的优惠条件重复了一遍。该销售员以为顾客仍然没有下决心购买产品，于是便进一步承诺将产品的服务保修期延长到10年，日本人不动声色地接受了这一保证。这个销售员就是没有把准顾客的心理，自作聪明，错将顾客的习惯行为当作了异议，结果做出了不利于自己的产品承诺。这大大地增加了销售的成本，为后来的销售带来了不少麻烦。

即使销售员有实现承诺的能力，但是过度的承诺仍然会使自己承担过于繁重的义务，不利于以后销售工作的展开。因此，销售员在利用这种方法说服顾客签单时，一定不能过度承诺，而是要有理、有利、有节地承诺。

提供附加服务，让顾客心甘情愿签单

人们的需求层次在不断变化和提升，人们的普遍需求随着社会的不断进步而呈“金字塔”式发展。现代的消费者已远远不再局限于商品物质层次的需求。新的竞争不是发生在各个厂家生产什么商品，而是发生在商品能提供何种附加利益。而这种附加利益的核心就是赢得消费者“忠心”的服务，商品的诞生就意味着服务的开始。

商品为王的时代即将结束，服务制胜正在趋向市场发展的前端，一旦商品最终形成，商品价值的本身就达到了极限。而伴随商品开始的服务便承载巨大的无形的价值。在享受商品价值的同时，更要体验服务的价值，这已经成为消费者购买商品的普遍意识。所以，基于商品之服务的提升已被置于服务营销的天平之上，服务再次体现了商品营销的真正的外延价值。在这种背景下，一名合格的销售员不但要推销产品，而且还要提供商品的附加服务。

实际上，这种改变早在多年前就已经出现了，且渐成趋势。

从米店小老板到塑胶大王的台湾首富王永庆，几代人都以种茶为生，只能勉强糊口。十几岁的时候，王永庆做出了人生中第一个重要决定，开米店自己当老板，启动资金则是父亲向别人借的200元钱。

王永庆为了消除顾客的购买障碍苦苦思索，忽然灵机一动，心想我何不主动送货上门呢？果然这一方便顾客的服务措施，大受欢迎，由此王永庆米店的影响力越来越大。

当地居民大多数家庭都以打工为生，生活并不富裕，由于王永庆是主动送货上门的，要货到收款，有时碰上顾客手头紧，一时拿不出钱的，会弄得大家很尴尬。为解决这一问题，王永庆采取按时送米，不即时收钱，约定发薪之日再上门收钱的办法，极大地方便了顾客。

起初王永庆的米店一天卖米不到12斗，后来一天能卖100多斗。几年下来，米店生意越来越火。在此基础上，王永庆筹办了一家碾米厂，完成了个人资本的原始积累。

服务的附加价值就是指向顾客提供应该的本服务之外，不需要顾客花钱的那部分服务。

在一个充满竞争的商海中，优质服务是必要的，但仅此也是不够的。新的竞争对手促使我们必须采取更好的措施去提高我们的服务质量，即服务再上新台阶，只有这样，商家才能在商战中不断取得胜利。

不同顾客对附加服务的需求也不同，对于与商家建立深层次合作关系的顾客来说，顾客还希望能够比其他顾客多得到一些增值服务，而顾客附加增值服务需求的满足程度，对顾客满意度和忠诚度有着巨大影响。

要想使顾客在交易完成后对你的商品保持尽可能长时间的青睐，那么你首先应该尽可能地让顾客感受到使用和享受商品的种种方便。最基本的工作是为顾客提供售后服务，指导顾客使用商品，介绍某些操作技巧等。

要想让顾客对商品的体验更深刻、更愉快，当然不是仅仅做到以上基本工作就可以了。那些精明的商家几乎都费尽心机地为顾客提供更优质的服务，其目的就是让顾客更加忠诚，以使他们追随自己，而不是排斥和厌恶被推销商品。

如果顾客满意这种额外的服务，如果商家提供的服务确实可以极大地方便顾客，而其他竞争对手却做不到这些，那顾客就会产生非常愉快的体验，从而主动成为商家的忠诚顾客，而且还会介绍更多的新顾客前来。

建立顾客忠诚度和管理某个商品的销量一样，是一个持续的过程，每个商品都有其生命周期曲线，在经历了相对缓慢的引入期、快速增长的成长期和稳定的成熟期以后，每个商品都会经历一个下降的衰退期。

在衰退期，商品将面临日渐放缓的增长速度，甚至是负增长以及日渐萎缩的市场份额。为了保持该商品的市场份额，商家只能不断投资。而建立顾客忠诚度也是这样，为了保持消费者的忠诚度，商家只能不断地为消费者提供额外的附加服务。作为一名销售员，心中一定要有这种服务至上的意识，只有有了这种意识，才能真正服务好顾客，进而提高业绩。

消费容易售后难，别让消费者再心寒

售前的奉承，远不如售后及时而周到的服务。在现代高度竞争的市场经济体制下，在产品的质量、性能差不多的情况下，谁可以为消费者提供优质而长期的服务，那么谁必然会在未来的竞争中占据主导地位。

真正的销售活动是从售后才开始的

现实生活中，销售人员普遍存在这样一种想法：认为已开发的消费者已经和自己在做生意了，并不需要再跟进，就是要跟进也是售后部门的事情，和自己的关系不大，或者认为消费者再定货时再跟进也不迟。而且，停止继续服务还可以腾出更多的时间去发现、争取新的消费者。

但是，事实却不是那么回事。由于销售人员对已开发的消费者跟进不及时，大大影响了消费者的忠诚度，在激烈的竞争中出现了不断地开发消费者也不断地失去消费者的危险情况。而且，销售实践也证明，稳定一个消费者所需的费用是开发一个新消费者费用的十分之一，所要投入的精力也只有开发新消费者的十分之一，通过服务性跟进不但能稳定消费者，并且还会通过他们的口碑宣传和介绍带来更多的新消费者。这也就是许多销售人员越做销量越大，消费者越多的成功所在。也是许多销售人员业绩老没有起色的主要原因。

其实从某种意义上来说，真正的销售活动是在售出商品后才开始的。这一概念看似故弄玄虚，实则至理名言，因为只有让消费者重复购买的销售行为，才算是成功的销售。而要赢得消费者的忠诚，绝不是靠一次重大的行动就可以的。要想建立永久的合作关系，就需要你用长期而优质的服务将他们团团包围，这样，消费者才愿意一次又一次地回头光顾你的生意。更重要的是，他们乐意介绍别的人给你，这也就是心理学中所谓的“滚雪球效应”。成功的推销生涯正是建立在这一基础上的。

在具体操作中，优秀的销售人员给我们提供了这样一些建议：

保持联系

与消费者保持联系，可以加深销售人员在消费者心中的印象，继续影响消费者未来的购买行为。消费者一旦需要再次购买或身边的亲人需要购买时，自然而然就会首先想到与之关系融洽的销售人员。

“如果不与你的顾客保持联系，你就不可能为其提供优质服务。”寿险推销大王坎多尔弗在其推销生涯中，自始至终都牢记着这一信条，可以说这也是他成功的关键所在。他说：“有个好主意可使你在售后继续提供优质服务，那就是在成交后着手给他写上几句话，或是打个电话。”

他是怎样写的呢？我们择一例来看看：

亲爱的约翰：

恭贺您今天下午做出决策，加入人寿保险。这当然是建立良好的长远理财计划的重要一步。我希望我们的会见是我们长期友好关系的开端，再次对您的订货表示感谢，并祝您万事如意。

您忠诚的朋友

乔·坎多尔弗

现在发达的通信方式让人与人之间的联系变得越来越方便。销售人员与消费者保持长期联系的方法也可以有很多选择，例如上文中提到的电话、电子邮件、客户联谊、手机短信、微信聊天、明信片、邮寄礼品等等方式，都可以让消费者感受到销售人员的关心，这样才能维持双方持久的关系。

及时周到

销售前的奉承，不如销售后及时而周到的服务，这是创造永久客户的不二法门。

台湾著名实业家王永庆就深谙其道。在创业初期，王永庆曾经开过一家米店，与其他米店的做法不同，他总是自己先将米中的杂物拣干净再出售，而且为消费者送米上门，再加上经营很灵活，所以很受消费者的喜欢。他有一个小本子，上面记着许多消费者的情况，如家里几口人，上次是什么时间送的米，大概什么时间可以吃完，消费者什么时候发薪水等。如果消费者手头不方便，他会先把米送过去，然后等他们发薪水的时候再去收钱。而且送米的时候，他不是送到就算，他会替消费者把米倒进米缸里。如果里面还有旧米，他就先把那些旧米倒出来，把米缸刷干净，再把新米放进去，然后再把旧米放在上面。正是因为他的“用心”，赢得了越来越多的消费者，生意也越做越红火。

可见，我们必须正视这样的事实：服务质量是区分一家公司与另一家公司、这位推销员与那位推销员、这件产品与那件产品的唯一因素，在我们高度竞争的市场经济体制下，没有一种产品会远远超过竞争对手，但是，优质服务却可区分两家企业。一旦你确实为消费者提供了优质服务，无疑你就会成为令人羡慕的少数推销员中的一员，你比你的竞争对手更具优势。

总而言之，作为销售人员，你必须记住：服务，服务，再服务。这些话听起来是如此的简单——确实也简单，做到“几十年如一日”

的优质服务并不是什么复杂困难的事，但它确实需要一种持之以恒的自律精神。

售后同样需要引发消费者的情感共鸣

任何时候，销售人员要打动的，都不是消费者的脑袋，而是他们的心。包括在售后维护和消费者的关系上，同样需要引发消费者的情感共鸣。

提供个性服务，令消费者享受被重视的感觉

每个人都希望自己在别人心中是独一无二的，针对消费者的个性化服务，可以让消费者真正感受到“在为我服务”，而不是“我只是在接受大家都应得到的服务”。

不过，提供个性化服务对销售员的自身素质要求非常高，它要求销售员更加全面地了解消费者情况，从消费者的职业、身份、地位到兴趣爱好、家庭关系等，都有一个系统的掌握，通过现有的资料，预测消费者的发展趋势，包括职业发展和购买力预测，并且根据消费者的变化在服务上做相应的调整——这就是定制服务，让消费者更加感受到企业的关怀和温暖。如一个优秀的餐厅服务员，能够记得住每个老顾客的口味及其一些特殊嗜好；一个优秀的宾馆服务员，能够记得住自己所服务的每位顾客的作息安排，并能提前为他们准备好所需的一切。总之，消费者维护是层层递进的：从标准化服务阶段发展到个性化消费者参与阶段，让消费者感受到真心实意的温暖。

举办各种活动，使消费者产生情感依赖

企业定期举办一些温馨的活动，并要求消费者参与到活动中，如果活动设计得巧妙，会很容易打动消费者，消费者对销售方就会在一种心理认同的基础上，产生真正的情感依赖。当然，也不是任何公司或个人都能将此类活动举办好，总结前人经验，需要注意以下几点：

在传播推广上，必须围绕一个核心去运作才能成功。例如，在世界500强中，“营销学宝洁，公益学安利”已成为了共识。安利在公益方面主要选择三个主题：“倡导健康”“关爱儿童”和“致力环保”。如“倡导健康”有“纽崔莱健康跑”活动；“关爱儿童”有“安利名校支教”活动；“致力环保”有“哪里有安利哪里就有绿色”的“种植安利林”活动以及赞助南北极科考和清扫珠峰的“登峰造极促环保”活动。

在时机的选择上，要能顺大势，把握时机。当社会出现重大事件或重大事故时，政府、媒体、公众对事件的关注度最高，如果销售方能够在第一时间主动行动，必然引来更多公众关注与媒体报道，从而达到四两拨千斤的效果。例如益佰制药在2008年开展的“让圣火永不熄灭——我们的奥运全民健康大行动”的活动，以调研“奥运究竟为中国留下什么”为主题，请最美火炬手金晶做形象代言人，在全国十大城市展开，上百万人参与，并最终发布“奥运财富报告”，多家中央机构支持，数位国家领导人签名或致辞，地方政府领导参加，声势浩大，成绩斐然。

另外，针对忠实消费者，还可以推出更多的优惠活动，如数量折扣、赠品等，并且通过赠送礼品、有偿介绍等方式，增加他们介绍业务的意愿。

精心馈赠礼物，让消费者感动于你的用心

中国是一个重人情的社会，很多事情靠公事公办往往办不成。在消费者关系的维护上，适时赠送消费者一些小礼物，是沟通感情和维系关系的纽带。当然，如果要给消费者送礼物，那也要送得合适，送得称心，这样才能起到联络感情的目的。

从时机上来说，可以选在消费者生日、结婚纪念日、孩子入学等日子。消费者的生日，你可以在平时闲聊时留心去问，或者在消费者填写的个人信息中获得。作为生日礼物，即使价钱不是很贵，对方也会感到高兴。而关于结婚纪念日，不少人恐怕自己都早已把结婚纪念日结忘了，如果你能打听到哪一天是消费者的结婚纪念日，并在这一天送上小小礼物祝贺，对方一定会非常高兴的。关于祝贺消费者孩子入学，则需要特别注意。若直截了当地能从对方的嘴里问出他孩子入学升学的情况当然没有问题，如果是通过第三方了解，则有可能招致对方的反感，弄不好你送去的礼物会被对方毫不客气地退回来。特别是当对方的孩子没有考入所希望考进的学校或进了三流的学校时，对方的心里已经很难受了，而且生怕别人知道。在这种情况下，如果你还去祝贺，效果就正好相反。因此，必须在充分了解了对方小孩入学升学的有关情况之后，才可酌情决定是否应去祝贺，切不可冒昧行事。当然，推销人员不仅要重视在重要日子送消费者礼物，还必须重视平常也要送些小礼，因为平常的礼尚往来也很重要。

从礼物的选择来说，不要单凭自己的爱好去挑选。人各有所好，你喜欢的对方不一定喜欢。要多听听对方的意见，尽量送一些消费者喜欢的东西。此外，销售员平时出差或旅行时，如果在当地看到适合于送礼的物品时，最好买一点带回来，以作为礼物送给消费者。这样的礼物效果非常好，对方会觉得你这个人够朋友，在平时还惦记着他。送给他的东西虽说不值几个钱，但对方往往把它作为友谊的表示而终生难忘。吃的东西也一样，如果是对方喜欢吃的东西，即使非常便宜也没关系，买点送给对方，对方会忘不了的。

实际上，价钱贵的礼物不一定效果就大，送给消费者的礼物，心意才是最重要的。所以为了充分地发挥送礼的作用，销售员必须在了解对方的心理上多下工夫。

另外，也不要认为你送礼物给消费者，消费者就一定会高兴，因为有的人非常讨厌别人干涉他的私生活。有不少人在别人提及与他家庭的有关问题时就皱起眉头或沉默不语。因此，哪怕你们之间的交往很深，若猜不透对方的心思，或不敢肯定对方接收礼物时一定高兴，就千万别随便送礼，这是一条必须遵守的原则。

总而言之，销售人员应该着眼于和消费者发展长期的互惠互利的合作关系，从而提高消费者的忠诚度。忠诚的消费者才愿意更多地从你手中购买产品和服务，随着忠诚消费者年龄的增长、经济收入的提高，消费者的购买力也将进一步增强。并且，通过忠诚消费者的影响，带动他们的亲朋好友也来购买。

消费者满意度是建立在期望之上的

销售的目的是什么？也许大部分的销售人员都会说，销售的目的是把产品卖出去，获得利益。事实上，销售的目的不只是为了将产品卖出去，更重要的是让消费者从购买行为中获得价值感，即消费者对自己购买的产品感到满意，感觉自己的购买抉择是明智之举。那么，这个一次性消费者就很可能会变为回头客了。

但要使消费者满意可不是一件轻而易举的事，这需要掌握一定的方法和技巧。

那么，怎样做才能让消费者满意呢？

现代营销学之父菲利普·科特勒认为，消费者满意“是指一个人通过对一个产品的可感知效果与他的期望值相比较后，所形成的愉悦或失望的感觉状态”。也就是说，消费者满意是建立在期望之上的。期望值的大小决定了满意度的高低，而且它们之间是呈反比例关系的，期望值越小则越容易满意。

由此可知，提高消费者满意度的一个重要途径就是降低期望值。

而降低消费者期望值的一个有效方法就是：不要给予消费者过高的承诺。例如，如果你的企业能在接到通知之后18小时内提供售后维修服务，则可以对消费者承诺24小时之内；如果维修人员接到电话后能在2小时内赶到，则可以承诺3小时之内赶到。通过这个技巧，使消费者的期望稍低于你的企业服务水准，当你所提供的水准超越了他们的期望后，消费者会有一种满足感。

除此之外，为消费者提供超值的服务，也是提高满意度的一个重要途径。因为超值服务对消费者而言就意味着厂家让利，必然可以提高消费者的满足感。

事实上，许多企业的发展长盛不衰，很大程度上便是得益于此。例如，戴尔公司不仅仅是电脑供应商，还是消费者在制定科技策略时的顾问。戴尔公司的科技人员要抽出一定的时间与消费者一同讨论未来的科技走向。这种讨论可以使消费者事先针对科技的变化而规划适应措施，而不只是被动地接招。戴尔公司所提供的这种超值服务，就使得公司与消费者的关系更加巩固，从而建立起最稳固的信任、诚实及伙伴关系。

当然，提供超值服务并不是越多越好，因为当你向消费者提供了过多或过高的利益时，很容易让消费者下次的期望值建立在这次之上，那时企业的负担就太重了。因此，超值服务的范围应限于那种对消费者来说是极为有用的或非常新鲜的，但对销售人员来说却是难度不大的服务。

妥善及时地处理消费者的不满

遭遇消费者投诉是难以避免的事，即使是最优秀的销售人员都避免不了，因为世界上没有完美的产品，也没有百分之百完美的服务，只有日益理性、日益挑剔的消费者。

很多销售人员视消费者投诉为洪水猛兽，认为它必定会为自己和单位带来负面影响。当然，遭遇投诉不是一件愉快的事情。然而，营销学有句名言："投诉的消费者才是忠实消费者。"因为消费者不抱怨并不代表他们满意，只是有的消费者认为与其抱怨还不如离开，减少和你及公司打交道的次数。尤其是老顾客的抱怨，通常一个老顾客的抱怨代表着另外没有向你抱怨的顾客的心声。提出抱怨的消费者，若问题得到圆满解决，其忠诚度会比从来没有抱怨的消费者更高。

因此，若销售人员的正确看待，并能正确处理消费者投诉，那么就可以把怒气冲冲的消费者转变为自己最忠实的消费者之一。

有效化解消费者投诉，要求销售人员掌握以下技巧：

第一，做一个倾听者

当消费者气急败坏地带着问题前来投诉时，最重要的是先让消费者平息怒气。

许多销售人员不等消费者说完，就急忙将其打断，迫不及待地进行解释。这是极其错误的行为，这反而会激怒消费者。要知道，消费者向我们投诉，主要的目的是向我们倾诉他们内心的种种不满和意见，希望我们能帮助他们解决问题，而不是希望来听我们的解释、说明或辩护的。

而让消费者倾诉，就能消除其愤怒，使其情绪放松，就像给充满气的气球放气一样。在消费者发泄情绪的时候，用点头、微笑或适当的皱眉，表示你一直在倾听，并认真地记录下他投诉的要点。

期间，你可以提一些开放性的问题，让消费者多说话，例如，"怎样……？""何时……？""谁……？""为什么……？"等，每当有需要时应立即澄清疑点，但不要提带有判断性的问题，并且避免用不信任的语气质问投诉的客户，例如，"你肯定事情确实是这样吗？”“……恐怕不是你投诉的根本原因？”等等。

此外，还有必要在消费者倾诉时，表示出你的同情和理解。其中一个可取的技巧是，赞同投诉者一些没有谴责成分或不违反你单位的方针和目标的说法。你可以试用以下短语表示对客户的同情和理解：“太不幸了，我感到很遗憾发生这种事情。”“你说得对，谁都不愿遇到这样的事情。”“我知道您为什么这么生气了。”“我能想象你当时是多么的麻烦。”“我非常理解你现在的感受。”等等。

那么，前来投诉的消费者，脾气一定会越来越小的。只有消费者恢复了理智，才能正确地着手处理面前的问题。而且因情绪激动而失礼的消费者冷静下来以后，必然有些后悔，这比我们迎头批评他们要有效得多。

第二，做一个道歉者

化解消费者投诉时，一个重要的原则就是：“态度第一，技巧第二”。如果不能做到给人诚恳真挚的感受，那么即使眼前的问题解决了，日后双方仍无法有融洽的关系。

因此，面对前来投诉的消费者，不管是不是你犯错，都要向投诉者真诚地表示歉意。即使投诉者是错的，但致歉总是对的，这是为消费者情绪上所受的伤害表示歉意。

在道歉时，也有技巧需要掌握。

一是要发自内心地向投诉者表示歉意，不能口是心非、皮笑肉不笑，否则就会让消费者觉得是心不在焉的敷衍，感到更加不满。

二是不要推卸责任。当道歉时，最惯常的说法是“很抱歉，但是……”，这个“但是”否定了前面说过的话，使道歉的效果大打折扣。最常见的例子是，当一家餐厅员工说：“很抱歉，但是我们太忙了！”，消费者不会在乎“太忙”，反而认为这是在推卸责任。

三是为情况道歉，而不是去责备谁。即使在问题的对与错还不是很明确，需要进一步认定责任承担者时，也要首先向消费者表示歉意，但要注意，不要让他误以为公司已完全承认是自己的错误，我们只是为情况而致歉。例如可以用这样的对白：“让你感到不方便，不好意思”“给你添了麻烦，非常抱歉”。

总之，你要记住，不管谁对谁错，都必须保证当消费者因不满而找上门时，在态度上总是能够百分百的满意。

第三，做一个问题解决者

有时，你仅仅通过倾听、同情和真诚道歉等就能平息消费者的情绪。但更多时候，会涉及到更换产品、返工或者退款等现实问题。这时，就需要你做一个问题解决者，当你把问题解决了的时候，投诉自然也被化解了。

在处理投诉问题时，一个重要原则就是迅速及时。如果能当场解决问题，绝不要拖延到明天。如果不能当场解决，也要采用合理的方式答复消费者。具体来说：对于那些信息充分、可以确定无疑地做出判断，并且有足够权限采取行动的投诉，投诉处理者应立即答复消费者，越快越好；对于那些投诉的信息还需要进一步调查或验证才能做出判断，或者没有足够权限采取行动的投诉，投诉处理者应告诉消费者延期答复的时限，并通过何种方式来及时通知他们进展的情况；对于不在你职权范围内处理的投诉，需要转移给规定的专业人员或机构进行答复。当你转移投诉时，你一定要确保将投诉转移给适当的人员或机构处理，并向这些人员或机构扼要叙述全部有关情况，转交相关材料，然后再让投诉消费者与这些人联络。总之，一定要力争在最短的时间内卓有成效地解决问题。而且，还要征求消费者的意见，这样做既可以让他感到受到尊重，受到重视，也可以帮助我们更好地解决问题。

总而言之，没有人可以做到十全十美，因此，也不可能保证销售人员永远不发生失误或不引起消费者投诉。关键是如何对待投诉。假如我们能够以合理的方式去对待，并在处理过程中展现出我们真诚热情的服务态度，消费者的情绪散去，投诉的问题也会大事化小，小事化了，最终会是一种圆满。此时，这个消费者不再是投诉者，而转变为了你的一个忠实消费者，一个朋友。